U0510279

直击医患纠纷

以医疗损害刑民两法衔接为视角

赖红梅◎著

上海人民出版社

目录

绪　论

一、选题缘由

医疗技术的进步是人类文明的璀璨标志，医学领域的蓬勃彰显了在医学伦理的支撑下，人类揭示自然规律、创造生命奇迹的伟大力量。以契约为基础的医患关系随社会分工的发展与制度的细化，日益呈现出复杂的关系态势：医患关系已由医院（从医者）与患者的单纯二元互动模式转向为医院、患者、仲裁机构、保险单位等多主体的多维互动机制。伴随社会保障机制的日臻完善，当代社会展开了横纵多维度的权益保护救济网。医患关系为权益保障网的重要一环，法律制度作为权益保障的核心形式，其自然引发了时代性的医疗科学与社会科学的交融，于是便出现了"当法律遇见医疗"。一方面，制度持续完善、人类维权意识攀升；另一方面，生命的未知、科学的奥秘、医疗制度与组织形态的复杂必然招致医疗领域中错误机会的增加，因此，不期而然却又安之若命的医疗关系、医患纠纷成为当代权益纠纷中异军突起的凶猛力量。有著名的经济学家预言，未来 20 年内，医患纠纷将成为中国社会面临的诸多挑战中最为关键的挑战之一。

将平等主体间的权益关系诉诸民法（侵权法）、刑法的制度规定以寻求保障与救济，是当代世界范围内的通行之策。关于医患关系，我国亦在刑法、侵权法及其他相关条例中分别予以规制。因此，如何通过部门法的理性操作，实现对医疗的谦抑规制、维护医疗消费者与医疗服务提供者之间的权利平衡，落实医疗领域中关于罪与非罪、罪与一般侵权、侵权与合法行为的制度与实践的科学区分，则是法律工作者在医疗领域内的任务核心。

现实中医疗纠纷大多是通过民事诉讼途径予以解决，其中不乏应当追究刑事责任的情况，但面对司法实践中出现的大量疑难问题，对医疗犯罪行为准确追究刑事责任仍然十分困难。国家对医疗刑事责任的相关规定“形同虚设”，呈现出“去刑化”与“除罪化”的倾向。对医疗犯罪的研究还十分薄弱，在司法实践中，由于医疗犯罪的罪名规定相当模糊、司法解释没有进一步跟进、理论与实务研究相对薄弱等原因，司法适用中的争议颇多，这也在一定程度上影响了医疗损害刑民两法衔接工作的有效开展。医疗损害两种责任之间不是简单的区分，它们之间存在一定的相互衔接的灰色地带，因此，对医疗损害的民事侵权责任与刑事责任衔接的研究，将会逐渐清晰医疗侵权与医疗犯罪之间的联系和区别，在立法和司法实践中使之更量化、明确化、规范化，有利于维护惩治力度，进一步规范医务人员的行为，保护广大患者的生命和健康，维护正常的社会医疗秩序，从而对促进社会的和谐发展和安定局面起到重要的作用。

笔者作为上海市医学会专家库的法医类专家，华东政法大学法医临床的司法鉴定人，每年平均能参加全国和上海市几十起医疗伤害鉴定案件，追踪了一些疑难案件经司法鉴定后法院对鉴定意见书的采纳情况，及最终的判决情况。在整个过程中，笔者发现目前我国医疗损害从当事人申请到鉴定到最后的判决，在法律适用及司法实践方面确实存在一些问题。主要集中体现在以下几个方面：

（1）有案不移：医疗纠纷发生后，患者或其家属大多希望得到经济上的补偿，对是否追究当事人的刑事责任既缺乏法律意识，也缺乏强烈的愿望。此外，医疗机构也从维护医院的声誉和保护医务人员的角度出发，宁愿息事宁人。再者，有关医疗损害刑事责任在《刑法》中规定得过于简单，而且相关概念也缺乏相应的司法解释，不利于执法机关追究医疗事故罪的刑事责任。

（2）医学知识和法律判断跨度的困境：由于司法人员缺乏医学知识，法官在裁判中对鉴定书的依赖性过强，成为认定因果关系的重要依据，但鉴定意见书只是证据的一种，且需要质证。对于法律的评价须由法官来评判，否则“鉴定人”成为了“法官”。

（3）民刑定性标准缺失：在审判中有时性质较为相似的案例，不同的法院会判定不同的结果，有的法院认为是刑事案件、有的法院认为是民事案件，没有一个统一规范的定性标准。比如笔者经历了这样两个案例，判例一：患者李某入院后，被告医院在未进行病理诊断的情况下，单凭病史及术中肿物大体表现，临床诊断为“小肠恶性肿瘤”，导致误诊，引发患者并发症死亡。经鉴定，被告在诊疗过程中存在严重违反医疗常规的误诊、误治行为，且与死亡结果存在直接的因果关系。法院认定被告人严重不负责任，且与死亡结果间存在直接因果关系，构成医疗事故侵权，被告承担民事赔偿责任。判例二：2010 年 9 月 2 日，被告戴某因过失，将 A 型血错配给 B 型血的被害人，抢救无效，被害人死亡。经鉴定，被害人生前输入的异型血与死亡结果具有直接因果关系。经法院认定，被告人严重不负责任，造成被害人死亡，成立医疗事故罪。

在判例一与判例二中，法院均采用了鉴定结论所示的因果关系，对主观过失则均表述为严重不负责任。在相同的主观过错与事故参与度下，案件性质为何完全相反，笔者表示存疑。

司法实践中关于医疗事故的刑事、民事判决，缺乏主观过失说理、因果关系认定标准比较混乱、定性标准缺失等问题，这也是促使笔者进行研究的主要原因。为了了解更多的医疗损害的判例，笔者以中国法院网为检索媒介，以刑事文书作为检索类型，年份跨度以 2009 年至 2013 年为区间，以“医疗事故”作为检索关键词，获得有效刑事判决共计 5 例；同时以普通民事文书为检索类型，以“医疗事故”“医疗侵权”为检索关键字，搜索结果共计 23551 条民事判例。

通过这些实证的分析，笔者发现医疗损害刑事案件被告人均造成了被害人死亡的严重后果占绝大多数，但宣告刑都比较轻，法院在判决因果关系时，鉴定意见是法院最重视的证据。

本书中我们将深入系统研究医疗损害中的刑法立法理论，以建构起具有中国特色的医疗事故刑法理论，为中国法制服务。因此，从这个角度讲两法衔接的研究既能为医疗犯罪也能为医疗侵权的研究提供新视阈，有利于丰富和深化我国刑事医疗基础理论研究。

二、总体思路

两法的衔接是一个系统工程，不仅涉及程序衔接，还涉及实体衔接，而且后者是前者的基础和前提。医疗民事责任（侵权责任）是不构成犯罪的行为，刑法针对的是构成犯罪的严重违法行为，看起来医疗民事责任与刑事责任之间似乎不应产生衔接与冲突，但是两者也存在不可分割的内在联系，在调整范围、调整对象上还可交叉和相互转化，因此这也决定了两者之间的衔接关系。本书主要从立法、司法实践方面，从医疗损害的民事责任和刑事责任的构成要件方面来研究两法的衔接机制。论述了当前两者衔接的实际困境，进而对相关的理论问题进行阐述，指出两者衔接是一个涉及实体法与程序法，刑法与民法，刑事违法行为与民事违法行为的体系性问题。对大量的实证数据和案例进行深入分析，以点带面，从具体到一般，进一步论证两法衔接的问题。最后，结合我国的实际情况，并借鉴中外理论，提出完善医疗侵权与医疗刑事犯罪有效的衔接途径。

三、研究现状

（一）国内两法衔接研究现状

中国古代法律制度以刑法为主线，且“诸法合体、刑民不分”的特点，使得中国古代的民法并不发达，长时间内没有民事责任的一般概念，也就更谈不上民事与刑事责任之划分。到了近代，随着经济不断发展和法律体系的完善，民事责任和刑事责任才按各自的社会功能加以区别。20世纪以来，随着人权保障观念的普遍认同，公法和私法相互融通和渗透，刑、民法律责任的交叉与衔接问题日益受到学界的关注。近些年，王继军、何帆、刘东跟、杨忠民、刘宇、于改之、孙笑侠、江伟、姚建龙、董秀婕等学者相继对刑法和民法涉及的两种责任进行了一些比较性的研究，对交叉及衔接的问题予以了探究。其研究主要集中在刑民衔接及交叉的类型；在诉讼程序中如何解决交叉和衔接问题；立法上如何应对两法的衔接问题；司法实践中如何进行两法的衔接；民事行为与刑事行为的区别与联系等。

现行法律文本中对于医疗损害民事责任的认定，在2010年颁布的《侵权责任法》中已作出了较为全面、系统的论述。但在刑法学界关于医疗犯罪的研究还是比较薄弱的，面对医患纠纷爆炸性增长及医疗技术突飞猛进的现状，目前的理论研究难于有效应对。当前，有关医疗犯罪研究的理论成果不多，著作主要有：臧冬斌的《医疗事故罪研究》《医疗犯罪比较研究》，卢有学的《医疗事故罪专题整理》，刘维新的《医事刑事法初论》，杨丹的《医疗刑法研究》等；学术论文方面则有卢建平、田兴洪《医事犯罪理论研究述评》，莫洪宪、刘维新《医事刑法研究论纲》，谈在祥《我国刑事医疗过失犯罪判决的实证研究》等。可以说，这些成果对医疗犯罪的认定和刑法适用进行了一定的探索，但遗憾的是都没有涉及医疗损害的民事和刑事法律的衔接问题。

（二）境外两法衔接的研究情况

境外相关国家和地区对民法与刑法的衔接领域研究涉及的文章和论著非常有限，比如，日本的高桥则夫的《刑罚与损害赔偿——刑罚、民法中的行为规范与制裁规范》、西原春久的《民事责任和刑事责任》，论著方面有日本的美浓部达吉的《公法与私法》。

世界上大多数国家和地区就医疗犯罪在刑法典中的定位问题均未制定特别刑法，对医事犯罪的规定散见于各类判例法、刑法典中。在大陆法系各国（地区）刑事医疗过失的立法现状中，一般均以“业务过失致死伤罪”或“过失致死伤罪”规制医疗过失行为，德国法上对于医师的刑事过错责任就是依照一般的过失致死罪或过失伤害罪来处理，这属于刑法典中的“轻罪”，在分则中以“轻率”一词作为构成要件，轻率指一种显现特别高程度的注意义务违反的重大过失。日本和我国台湾地区医事相关犯罪主要在业务犯罪中加以探讨。美国主要在职业犯罪中加以讨论。

但境外对医疗犯罪的研究取得了丰硕的成果。例如德国医疗犯罪的研究核心从传统的医师的义务、医疗过失等问题向尖端医疗技术延伸。而英美法系中，对医疗犯罪的研究主要集中在医疗过失、医疗行为不当等问题上，比如，《医疗过误法》(Margaret C.Jasper)《医疗过失》(Michael A.Jones)，对医疗不当行为追究法律责任也主要在民事方面，而刑事责任则并非研究重点。日本受德国和美国的影响在医疗犯罪方面有较深入的研究，具有代表性的著作有：齐藤诚二的《医事刑法的基础理论》、小林公夫的《治疗行为的正当化原理》等。

我国台湾地区由于近年来医疗纠纷的倍增，医疗纠纷解决刑事化是台湾地区的特色，催生了诸多涉及医疗犯罪的研究。蔡墩铭教授的《医事刑法要论》是其中的代表作，其系统地研究了诸如医师与刑法、医师的权利义务、医疗犯罪与尖端医疗等问题。除此之外台湾地区的其他学者还对某些特定问题进行探讨，代表作有曾淑瑜的《医疗过失与因果关系》，蔡振修的《医疗过失犯罪》。

第一章　医疗损害两法衔接的理论研究

第一节　医疗损害刑民法律责任衔接的提出及相关理论

一、医疗损害民事责任与刑事责任的内涵

（一）医疗损害民事责任的内涵及认定

医疗损害责任是指医疗机构及其医务人员在诊疗过程中由于过错使患者受到损害而应当承担的法律责任。

1．医疗损害侵权责任

是指医疗机构及其医务人员违反医疗法律、法规的规定，实施违法诊疗行为造成了患者的损害后果的责任。近年来医疗事故纠纷逐年上升，受到社会各界的广泛关注。医疗事故一直是司法实践中的一个热点、难点问题。一方面涉及了医疗事故民事赔偿的责任认定和分配，另一方面涉及对于要追究刑事责任的医疗事故在责任认定和准确定罪量刑的问题。要妥善处理医疗事故纠纷，保护患者的合法权益，明确医疗损害责任变得相当重要。

我国的《民法通则》《侵权责任法》《刑法》《医疗事故处理条例》等法律法规分别对医疗损害赔偿责任和刑事责任作了规

定。其中《侵权责任法》第七章专章规定“医疗损害责任”，如第54条规定：“患者在诊疗活动中受到损害，医疗机构及其医务人员有过错的，由医疗机构承担赔偿责任。”

2. 医疗损害侵权责任的构成

目前认为，医疗损害侵权责任的构成要件有四个：一是医疗机构和医务人员的诊疗行为；二是患者的损害；三是诊疗行为与损害后果之间的因果关系；四是医务人员的过错。[1]

（1）医疗损害侵权责任的主体是医疗机构及其医务人员

《侵权责任法》规定的医疗损害责任的主体主要是医疗机构及其医务人员，《医疗事故处理条例》第60条第1款规定，医疗机构，是指依照《医疗机构管理条例》的规定取得医疗机构执业许可证的机构。医疗机构的医务人员是指在法定医疗机构中从事医务工作的人员。根据《侵权责任法》第64条规定，医疗机构及其医务人员的合法权益同样受法律保护。干扰医疗秩序，妨害医务人员工作、生活的，应当依法承担法律责任。也就是说，医疗损害责任的主体虽然既包括医疗机构及其医务人员，也包括非医疗机构及其医务人员，但是最主要的主体仍然是医疗机构及其医务人员。本书特将医疗损害侵权责任的主体限定为医疗机构及其医务人员，不将其他主体列入。

（2）医疗机构及其医务人员实施了违法诊疗行为

其诊断或者操作违反了法律、法规的规定。根据《侵权责

1. 郭明瑞、房绍坤主编：《民法》，高等教育出版社2003年版，第32页。

任法》第57、63条的规定，医疗机构应当承担赔偿责任的情况有：第一，医务人员在诊疗活动中未尽到与当时的医疗水平相应的诊疗义务，造成患者损害的。第二，医疗机构及其医务人员不得违反诊疗规范实施不必要的检查。但是对于医疗机构实施的紧急救治行为，只要经过了一定的审批程序，就不能认定为违法诊疗行为，如《侵权责任法》第56条赋予医疗机构的紧急医疗措施权。

（3）违法诊疗行为造成了患者的损害，即造成医疗事故

《医疗事故处理条例》第2条对医疗事故的概念作了界定，凡医疗机构及其医务人员在医疗活动中违法或违章的诊疗行为，过失造成患者人身损害的事故，都属于医疗事故。

（4）违法诊疗行为与患者的损害、医疗事故之间具有因果关系

患者的损害必须与违法的诊疗行为之间存在因果关系。但是根据《侵权责任法》第60条规定，医疗机构免责的三个条款有：第一，对于患者或其近亲属不配合医疗机构进行正当有效的治疗，造成的损失（如果医疗机构或医务人员有过错的应当给予相应的赔偿）；第二，医务人员在抢救生命垂危的病患等紧急情况下已经尽到了合理的诊疗义务的；第三，限于当时的医疗水平难以诊疗的。

（5）主观过错

医疗损害责任，原则上实行过错责任，过错推定责任为例外。《侵权责任法》第58条规定了三种特殊的过错推定责任：

第一，伪造、篡改或者销毁病历资料；第二，隐匿或者拒绝提供与纠纷有关的病历资料；第三，违反法律、行政法规、规章以及其他有关诊疗规范的规定。

侵权责任法中规定的医疗损害侵权责任较多，其中主要有“患者在诊疗活动中受到损害”“医务人员未尽到应当向患者说明病情和医疗措施义务造成患者损害的”“医务人员在诊疗活动中未尽到与当时的医疗水平相应的诊疗义务造成患者损害的”“因药品、消毒药剂，医疗器械的缺陷或者输入不合格的血液造成患者损害的”“泄露患者隐私或者未经患者同意公开其病历资料造成患者损害的”“干扰医疗秩序，妨害医务人员工作、生活的，应当依法承担法律责任”等。

（二）医疗损害刑事责任的含义和种类

医疗行为一般都具有风险，但这种风险不同于交通过失或其他过失。一般的医疗事故造成的损害依据民事法律来处理，但是医疗事故行为造成就诊人死亡或者严重损害就诊人身体健康的结果，符合刑法分则中相应犯罪的构成时，便构成了刑事犯罪。司法实践中应该严格根据“罪刑法定”的原则认定医事犯罪，不应扩大定罪或处罚的范围。

涉及刑事责任的相关罪名为妨害社会管理秩序罪中的危害公共卫生罪。包括《刑法》第330条妨害传染病防治罪，第331条传染病菌种、毒种扩散罪，第332条妨害国家卫生检疫罪，第333条第1款非法组织卖血罪、强迫卖血罪，第334条第1款非法采集、供应血液、制作、供应血液制品罪，第2款采集、供应血液、制作、供应血液制品事故罪，第335条医疗事故罪，第337条第1款非法行医罪，第2款非法进行节育手术罪；此外包括《刑法》第253条之一出售、非法提供公民个人信息罪和非法获取公民个人信息罪。还包括第290条第1款聚众扰乱社会秩序罪。在这些罪名中涉及医疗损害刑事责任最为普遍，并且最为典型的犯罪应当是医疗事故罪。

《刑法》第335条规定：医务人员由于严重不负责任，造成就诊人死亡或者严重损害就诊人身体健康的，处三年以下有期徒刑或者拘役。根据此条规定，医疗事故罪是指医务人员严重不负责任，过失造成就诊人死亡或者严重损害就诊人身体健康的行为。[1]

（1）主体特征。本罪的主体是自然人且是特殊主体，主要是医务人员。具体包括医疗与防疫人员、护理人员、药剂人员和其他卫生技术人员。

（2）主观特征。本罪的主观方面只能是过失，故意不构成本罪，如果医务人员在诊疗或护理过程中，故意造成病人死亡、残废，则按故意杀人罪或故意伤害罪论处。本罪在主观方面为过失，即行为人对造成就诊人死亡或者严重损害就诊人身体健康的后果持过失态度。

（3）客观特征。本罪的客观方面是医务人员在合法的诊疗护理工作中，违反规章制度和诊疗护理常规，严重不负责任，

1. 张明楷:《刑法学》(第3版)，法律出版社2007年版，第62页。

造成就诊人死亡或严重损害就诊人身体健康的行为。本罪在客观方面必须具备两个要件：首先在医疗护理工作中实施了严重不负责任的行为。其次，必须造成了就诊人死亡或者严重损害就诊人身体健康的危害后果。

（4）客体特征。本罪侵犯的是复杂客体，即病人的生命和健康权利以及医疗单位正常的管理活动。本罪侵犯的直接客体是国家对医疗工作的管理秩序和就诊人的生命和健康权利。

二、医疗损害刑民两法衔接的内容及提出

（一）医疗损害刑民两法衔接内容

何谓衔接，根据《现代汉语字典》的解释，意指“两事物（或事物的两个部分）前后相接”。衔接一词用于民事责任与刑事司法之间，主要侧重于民事与刑事之间的前后衔接。衔接一词比较恰当地体现中央及有关部门要求民事责任向刑事责任的过渡，防止“泛民化”“去刑化”，督促司法机关依法履行职责，逐步实现依法公正的价值取向。关于衔接一词，也有学者指出不如改为对接。笔者认为，当前两法衔接外延涉及民法与刑事司法两个不同领域，涉及立法、执法、处罚结果以及理念、原则等不同内容的相互包容与协调，衔接一词相对于对接更合适。

笔者认为，医疗损害民事与刑事的衔接，不仅涉及程序衔接，更涉及实体衔接，而且后者是前者的基础与前提。

一方面，从立法设计分析，医疗损害民事责任针对的是不

构成犯罪的一般违法行为，刑事司法针对的是构成犯罪的严重违法行为。据此，民事与刑事司法之间似乎不应产生衔接及冲突问题。但是医疗过失犯罪与侵权都有不法行为的存在，只不过前者的医疗过失行为触犯刑法，应依据罪刑法定原则，符合刑法规定犯罪构成要件的，除行为人有阻却违法事由或欠缺刑事责任能力而得以免除刑责外，均应依法受到刑事追诉，后者违反了民法中的侵权责任法，属于侵权之债，故应承担民事责任。医疗过失犯罪与侵权在功能和原理上，并非存在十分明确的楚河汉界，实际上两者之间与一般犯罪与侵权一样，存在着重叠竞合区域，甚至因立法者的意愿会出现交叉现象，比如侵权行为的犯罪化，犯罪行为的非罪化，在调整对象上还可相互转化，从而也决定了两者的衔接关系。

另一方面，从民事和刑事司法的内涵来看，两者在实施的主体、法律依据、程序适用、法律后果、涉及范围等多方面存在较大差异。当同一违法行为涉及的法律关系一时难以确定是刑事关系还是民事法律关系而造成的刑民交叉案件时，法律事实的复杂性和人类认识能力的有限性和差异性，决定了对同一法律关系事实存在不同的认识和理解，造成了不同部门对案件性质的认识存在分歧，有的认为是刑事案件，有的则认为是民事案件，由此产生了刑民案件交叉的一种特殊表现，也会产生两者之间的衔接问题。

（二）医疗损害刑民两法衔接的提出

医学与法学是支撑人类社会生存和发展根基的两大重要

学科。医疗关乎生死、健康及一家幸福，所关至巨，有借助刑法制裁加以维护之必要，因此刑法介入医疗的直接目的系以国民的生命、身体以及健康为中心法益之保护为宗旨。我国现行《刑法》第335条规定："医务人员由于严重不负责任，造成就诊人死亡或者严重损害就诊人身体健康的，处三年以下有期徒刑或者拘役。"这是追究医务人员医疗过失刑事责任的基础和依据。时至今日，随着患者权利意识的觉醒、医疗期待的高涨和法律意识的增强，大量出现的患者及家属不乐见的治疗结果，导致医疗纠纷急剧增加，医患矛盾日益尖锐，医疗过失犯罪作为典型的业务过失犯罪，从国内外其他国家和地区的立法和司法实践看，刑法介入对重大医疗过失的评价实属必然。然而，从1997年我国刑法专门设立医疗事故罪以来至2012年12月31日止，笔者从北大法意网案例库能够检索到的刑事医疗案例只有29起。在统计样本范围内，以"医疗事故罪"定罪处罚的医务人员年均不足2人。对比我国台湾地区，根据阳明大学公共卫生研究所杨秀仪副教授的研究表明，2000年1月1日起至2008年6月30日，台湾所有地方法院对医疗纠纷形成的刑事判决中共有312名医生成为被告，其中80名医生被判有罪。当刑法遇上医疗，我们不否认应该更好地体现其谦抑性，即应成为高悬的"达摩克利斯之剑"，不应该轻易介入对医疗行为之评价。然而，环视中国医患之现状，医疗伦理不张，大量由医疗事故带来的恶性案件频发，医疗事故罪没有理由形同虚设，刑罚权更没有理由对导致患者死亡或重伤的医疗行为漠视与旁观。

因此，基于两法衔接实践运作中存在的问题，同时考虑到我国司法机关执法体制所可能带来的弊端，两法衔接成为解决有案不移、执法不严等问题的最佳路径。要规范社会主义市场秩序，构建良好的社会管理秩序，必须使医疗损害民事与刑事司法有效衔接，充分发挥其职能互补的作用。通过完善两法衔接，保证涉嫌犯罪案件能被及时移送司法机关处理，防止执法不严、有案不移、以罚代刑、有罪不究等现象发生，最终实现依法办案和公正司法。

第二节 医疗损害两法衔接的实践困境

目前在医疗损害领域，有案不移、有案难移、泛民化、除罪化的问题比较突出。中央及有关部门虽然有一些法律、法规出台，但并没有使得实践中的两法衔接问题得以解决。当前两法衔接的困境，突出表现在以下几个方面。

一、有案不移

一方面，我国医疗民事纠纷大量增加，而刑事案件却出现大幅萎缩，客观上，医疗纠纷发生后，患者或其家属多希望能获得经济上的补偿，对是否追究当事人的刑事责任既缺乏法律意识，也缺乏强烈的意愿；同时，医疗机构也从维护医院声誉和保护医务人员的角度出发，宁愿通过经济上的赔偿达到息事宁人的目的。此外，1998年以前医疗事故罪作为渎职类案件由检察机关侦办。1998年以后，根据《刑事诉讼法》规定，此类案件改由公安机关侦办，由于公安机关日常维护治安的任务繁重，加之缺乏办理此类案件的经验和专门人才，公安机关很少介入侦办此类案件。毋庸置疑，生命与健康非金钱所能替代，所以也就不可能完全以金钱赔偿来取代刑罚。然而，由于刑事法律的严重缺位，执法机关不追究医疗事故罪的刑事责任，导致大量恶性医疗案件代之以民事赔偿加以解决，一定程度上也纵容了部分无良医生的恣意，最终使医疗事故罪形同虚设，难以成为高悬于医务人员头上的“达摩克利斯之剑”。

二、刑事法律的缺位

尽管我国1997年《刑法》第335条规定了医疗事故罪，然而启动刑事司法程序却缺乏必要的依据。《医疗事故处理条例》(以下简称《条例》)实施至今已经有多年时间，已成为业界解决医疗纠纷的重要依据。造成就诊人死亡或者重伤的重大医疗过失行为发生后，按照《条例》规定的程序处理，最终涉及的仅是医务工作者和医疗机构的民事责任和行政责任。2010年我国《侵权责任法》颁布，专章规定了医疗侵权责任，最高人民法院《关于审理人身损害赔偿问题的若干意见》，在赔偿数额上要远高于按医疗事故处理所得。因此，患者及其家属解决医疗纠纷多倾向于以民事途径处理。此外，大量的医疗纠纷案件并未进入司法程序，进入司法程序的医疗纠纷案件不足一成，而代之以医患双方的和解解决。在我国刑事诉讼法规定的程序中，医疗纠纷进入刑事司法程序的道路几乎被堵死。在最高人民检察院、公安部《关于公安机关管辖的刑事案件立案追诉标准》三部中，没有医疗事故罪的立案标准，其间公安部曾试图制定医疗事故罪刑事立案标准，也因医疗界的反对而夭折。刑事自诉案件中，医疗事故罪不属于“告诉才处理的案件”，对于“被害人有证据证明的轻微刑事案件”，因为需要“证据证明”，这对患者及其家属则是十分困难的。因此，在理论和实践中，都可以发现现行的制度设计对于寻求刑事途径解决医疗问题存在着法律障碍。从目前我国可以收集到的追究医疗事故刑事责任案件的70%系由于抗生素过敏、麻醉药物过量致死引发的这类刑事案件。[1]

盖因其过失程度十分明显，出现的危害结果多系家属无法接受之结果，且该类案件与“过失致人死亡罪”竞合，才有机会进入刑事司法程序，其中未进行医疗过失鉴定的比例约占25%，但审视判例因“严重不负责任”造成患者死亡或者重伤的案件，进入刑事司法程序的微乎其微。

三、医疗事故的错综复杂性和医疗过失行为入刑规定的缺陷

（一）多因一果影响医疗过失行为的认定

由于医疗事故犯罪是过失犯罪，因而它与一般的过失犯罪

---

1. 杨丹：《医疗刑法研究》，中国人民大学出版社2010年版，第64页。

具有共性的地方，即行为人的行为与发生的严重后果具有因果关系为犯罪成立的要件。但是否只要行为人的行为与结果存在因果关系，行为人就构成医疗事故犯罪呢？结论却不能轻易给出。因为医疗事故罪要求行为人的行为要达到严重不负责任的程度，即该行为是事故的主要原因或唯一原因。但是在现实中，导致医疗事故中患者损伤的原因往往有多种，有可能是多个不当医疗行为的共同作用，也有可能包含着患者自身原因，或者其他诱发因素，比如治疗期间有过劳情形、仍然暴露致病因子、易患因素等。这些情形比较复杂，要区分医务人员的过失与其他原因孰为主要原因并非易事。因此，如果单以行为人的行为与结果有因果关系而不考虑其他原因来认定医疗事故入刑与否，显然不妥。

（二）医疗过失行为入刑的客观表现规定简略

《刑法》第335条关于医疗事故罪的规定明确行为人在行为上需表现为“严重不负责任”，但未对严重程度作具体规定，也没有对不负责任的责任作出规定。最高人民检察院、公安部《关于公安机关管辖的刑事立案追诉标准的规定（一）》第56条曾就医疗事故罪中的“严重不负责任”作了规定，但仍有问题。以其中第（6）项的规定为例，第（6）项规定严重违反国家法律法规及有明确规定的诊疗技术规范、常规的情形应该视为严重不负责任。该条对责任作了规定，但对“如何违反才是严重违反”则仍然没有明确。

譬如这样一则案例，患者李某因“鼻塞、头痛、鼻腔出血1年半”入住某医院，被诊断为“颅底肿物待查,（1）脊索瘤；（2）鼻咽纤维血管瘤”。医院告知李某须行手术，手术前医院让李某签署了手术知情同意书，提示了手术的并发症以及危险性，但并没有对拟施行的手术治疗方案的治愈率进行交代，也没有告知并发症以及副作用发生的概率。患者李某在行手术之后虽然切除了鼻咽部纤维血管瘤，但同时却留下了后遗症——双眼无光感，后诊断为双眼视神经萎缩，双目失明。本案中，医生没有详细告知手术存在的风险，导致患者在不知情的情况下同意手术，同时对于可能引发的并发症，医师在术前以及术后并没有采取相关的应对措施。但医生确实已经履行了手术的相关告知义务，并且又让患者签署了手术知情同意书，可以说医生违反了相关医疗行业规范，但又不是全部违反。说严重似乎又值得斟酌，毕竟手术本身就有风险。说不严重，则医生部分不履行的行为与损害结果又是有联系的。因此，单以现有规定衡量是否属于“严重不负责任”就颇有争议。

四、对医疗过失的判断存在认识分歧和特殊性

（一）医疗过失判断的多元化导致其概念模糊

现阶段对医疗过失的判断有“诊疗管理规范说”“医疗水平说”“理性医师的注意标准说”。“诊疗管理规范说”认为医疗过失就是未尽到诊疗注意义务，认定时应以客观标准——即违反医疗法律法规规章制度即为过失。

但部分学者对诊疗规范管理说提出了批评，认为上述观点

是以客观去评定主观有所不妥。“医疗水平说”认定医疗过失以“当时的医疗水平”为标准。但学界对“医疗水平说”的理解又莫衷一是，有的认为是医疗水准、行业管理能力，也有的认为是医学上的结果回避义务。此外，还有“理性医师的注意标准说”。该说认为对于医疗过失的判断除了适用客观标准，还应该考虑医疗事故的具体情况、行为人的具体特点作出变化。因此，一个合理的、谨慎的人所应有的注意义务需要根据不同的人有不同的要求，再加上医师具有自利、自我防卫的心态，医师会认为被普遍适用的诊疗规范对自己有利，这对患者显然不利。[1] 因此，应该采用理性医师的标准，更多地关注主观要素。由于对医疗过失的判断没有统一的定论。过失一词的内涵置于医疗行为中显得模糊不清，增加了对医疗事故刑民界限区分的难度。

（二）医疗过失的严重程度与后果的严重性不具有一一对应性

刑法上的过失犯通常与造成人身伤亡或者导致其他严重损害联系在一起，即结果是构成过失犯的前提条件，同时也成了判断过失程度的标尺。一般情况下，后果的严重性与过失的程度呈正比。但在医疗事故中，有时即便造成严重损害后果，由于特定时期医疗技术水平、医疗认知程度的限制，行为人主观上的疏忽懈怠并非真正到了严重不负责任的程度，这种情形下

1. 王岳、邓虹主编：《外国医事法研究》，法律出版社 2011 年版，第 96 页。

医务人员应承担何种性质的责任就需斟酌。

五、医学知识与法律判断跨度的困境

理想状态的刑事医疗过失的认定必须经过临床上事实的认定，即医学上的评价和法的评价。由于司法人员缺乏医学知识，提供医学鉴定意见的人员缺乏法学知识，从而造成司法实践中对医疗过失案件的审理，法官对临床事实的认定与医学上的评价须借助于提供鉴定意见的医疗专家，因而鉴定人在刑事医疗过失判断中至关重要。对于刑事医疗过失的鉴定意见形成及所依赖之知识与技术，法官由于知识跨度其很难进行实质性审查，而鉴定人也不会基于法官判断之思维提供鉴定意见。鉴定人提供的系专家意见，也即在医疗领域相关问题的意见，实际上是证据的一种，是需要进行质证的。对于法律上的评价则必须由法官来完成，否则鉴定人就成了“法官”。因此，客观上要求鉴定人必须就完成鉴定之基础条件、研究方法、知识、技术进行必要之说明，以期得到法官及当事人之理解。而法官在是否采信，以及基于鉴定意见形成心证后的判决，需作出判定理由。

重大医疗责任事故罪虽已有明确的立法规定，但在实践中采用得非常少，在具体的操作中多依靠以往的传统观念及历史实践经验，司法工作者的办案思路尚未跟上刑事立法的思维。司法部门对玩忽职守、重大责任事故、过失致人重伤及过失杀人罪的定性比较明确，但对医疗事故罪在司法实践的主观方面的思维并没有随着立法的思想而迅速转变。另外，司法实践工作部门的工作人员大多缺乏医学专业知识，难于深入理解案件的关键、具体犯罪情节，对医疗事故罪的定性问题拿不准、有畏难的情绪，这是客观方面的原因。

第三节　完善两法衔接的实践价值

价值，是一个从古至今争论不休的哲学问题，不同的解读标准会得出不同的结论。价值是主体与客体之间的一种需要与被需要、满足与被满足的特定关系。根据这一界定，价值可包含如下含义：一是价值的存在须以某一现实事物为前提和基础；二是主体在价值实现中不可或缺；三是价值最终落脚于一种关系，需要与被需要、满足与被满足的关系。[1] 基于对价值的这一认识，可从其有利作用和积极意义出发，以较全面地阐释价值的本质和内涵。因此，笔者以为，医疗损害两法衔接的完善，具有以下实践价值。

一、有利于促进依法办案和公正司法

“依法治国”是我国的基本治国方略。依法办案是法治国家对政府行政行为提出的基本要求。法治社会的建立，必须落

1. 李宝忠：《刑法的价值体系及其取向》，人民出版社 2010 年版，第 4 页。

实依法办案，执法机关能否严格依法办案，对法律的有效实施及社会的有序运行具有关键性作用，而依法办案最终需要依靠执法人员的执法行为。

但正如上文所述，两法衔接在实践运作中存在有案不移、以罚代刑等问题。据实务部门相关人员调研结果表明，目前司法机关移送涉嫌犯罪案件的比例仅占其查处民事案件的 1% 左右，数量甚少。在医疗领域存在泛民化、追究刑事责任少、判处缓刑多、判处实刑少的现象。另外，从实证调研情况看，执法不严、有罪不追现象同样十分突出。

因此，基于实践运作中存在的问题，两法衔接成为解决有案不移、执法不严等问题的最佳路径。要规范社会主义市场经济秩序，构建良好的社会管理秩序，必须依法办案，使医疗损害民事、刑事两法有效衔接，充分发挥其职能互补的作用。通过完善两法衔接，督促司法机关依法履职，保证涉嫌犯罪案件能被及时移送司法机关处理，防止执法不严、有案不移、以罚代刑、有罪不究等现象发生，最终实现依法办案和公正司法。

二、有益于发挥打击违法犯罪的合力

通过完善两法衔接，督促公安机关与司法机关在相互重合、相互制约的前提下各司其职、各负其责，并保持良性衔接。一方面，对于公安机关而言，其在执法过程中，发现严重的违法行为，有可能触犯刑律的，就应移送司法机关处理；另一方面，针对司法机关而言，对于已进入刑事司法程序但最终被认定不构成犯罪或免于刑事处罚的案件，如有必要予以民事制裁的，公安机关和司法机关只有做到相互衔接，才能实现各自功能，既没有履职缺位，又没有越俎代庖，从而形成民事执法与刑事司法打击违法犯罪的合力。

三、有助于顺应权力制衡的运作需要

权力制衡是社会权力体系的核心思想，体现了权力制约权力、权力限制权力的互动过程。从权力运行机制层面而言，完善两法衔接制度，是以执法机关移送涉嫌犯罪案件的执法领域入手，通过适度扩大检察监督权在移送监督和立案监督领域的职权和规模，从而规范刑事执法权合法有序运作，并充分发挥刑事执法打击违法犯罪的力度；同时也进一步抑制刑事司法权的扩张，坚守刑法谦抑性原则，最终确立规制违法犯罪行为的民事执法权与刑事司法权的适用度。从长远的角度而言，两法衔接的完善，将会逐步界定各种违法犯罪行为的界限，使之逐步量化、明确化、规范化，进而合理控制违法犯罪的打击范围和惩治力度。通过两法衔接，做好民事执法与刑事司法的过渡和协调，从而保证国家法律的统一、正确实施，最终实现依法治国，这也正是完善两法衔接的根本意义和最终目的之所在。

四、符合司法体制改革的要求

两法衔接的建立，顺应了当前司法体制改革的要求，并对司法机关与其他权力主体之间的权力分配进行重新配置，理顺各种权力运作的边界和权力定位之间的合理关系。建立两法衔接的初衷在于打击破坏社会主义市场经济秩序犯罪，即要求检察机关延伸立案监督的触角，在检察职能范围内，有效督促执法机关依法行政，防止有案不移、泛民化等问题的发生。

由于我国与其他国家的执法体制存在很大不同，例如，我国刑事诉讼的启动需要经过立案阶段，立案成为我国刑事诉讼的一个独立环节。对于民事案件，完善两法衔接机制，促进公安机关依法、主动、及时向司法机关移送涉嫌犯罪案件，既为司法机关依法打击刑事犯罪提供案源，同时通过前期的执法活动，也为案件的顺利侦查、起诉、审判提供有利条件，减轻司法机关的工作量，节约了司法资源，一定程度上提高了执法办案的效率。

可见，两法衔接机制的建立，不仅赋予检察机关对民事执法机关是否移送涉嫌犯罪案件进行监督的权力，而且与刑事诉讼法赋予检察机关对公安机关的立案监督权有机衔接，从而保障了检察机关从民事执法领域到刑事诉讼领域的全程监督；同时，极大丰富和拓展了检察监督的范围和内涵，改善检察监督效果，提高检察监督能力，树立和强化检察监督威信。随着相关文件的出台，两法衔接的覆盖区域在不断扩大，检察机关的立案监督职能也在扩展、深化和提前，检察机关参与两法衔接工作的广度和深度也不断加大。因此，两法衔接机制的建立与完善，将进一步加强检察机关法律监督职能的定位和范围，将检察监督扩展到移送监督的前沿，这背后是对现行医疗损害民事体制、司法体制和权力分配与运行体制的一大改进。

第四节 两法衔接的法理基础

民法和刑法属于两个不同的法律部门，但随着社会政治经济的发展，国家、社会和公民关系的不断演变，公法和私法出现了交叉的现象，我国在立法和司法如何及时应对并加以改进，在比较分析两种法律内涵的同时，更好地完善现有的法律制度，争取公私有机的结合，充分发挥各自的功能，更好地维护和调整社会秩序、保护当事人的合法权益。医疗损害的民事法律责任相关的法律规定主要在《侵权责任法》第七章，因此，本书在比较分析刑民两种法时，民事法律主要是指侵权责任法。

一、侵权责任法与刑法的相互关系

（一）侵权责任法和刑法的区别

第一，调整对象上。侵权责任法属于私法，是调整平等主体之间的财产关系和人身关系的法律规范。侵权责任法调整的是特定的社会关系，而刑法并没有特定的调整对象。刑法属于公法，是其他法律的最后一道保护屏障，是调整犯罪、刑事责任和刑罚及其相互关系的法律规范。

第二，调整目的上。侵权责任法旨在调整平等主体之间的纠纷，对法权利进行救济，对被侵权人的损害进行赔偿，因而侵权责任主要是损害赔偿，而刑法是制裁犯罪行为的法律，是国家强制力的体现，旨在预防和制止犯罪，所以刑事责任主要体现的是惩罚犯罪。

第三，法律性质上。从起源看，侵权责任法与刑罚具有天然的亲缘关系，只是随着法学的不断发展，从最初的罗马法的私法中独立发展成为民法，并逐步与刑罚分离。[1]民法所调整的社会关系具有特定性，主要调整和保护财产关系和人身关系，属于私法的范畴；而刑法调整的对象没有特定性，刑法保护人身、财产、经济、婚姻家庭和社会秩序等诸多方面的社会关系，是各部门的保障法，属于公法的范畴。

第四，实现方式上。侵权责任法的实现主要是通过民事责任的实现方式，主要包括《侵权责任法》第15条的8种责任方式，除赔礼道歉、消除影响、恢复名誉适用于人身权外，其他6种普遍适用。其中最常见的方式为赔偿损失。承担的方式可以单独适用也可以合并适用。而刑法对严重侵权行为的调整主要通过刑罚处罚来实现。主要包括财产刑、自由刑与生命刑。

（二）侵权责任法与刑法的相互关系

尽管刑法和侵权责任法调整的社会关系各不相同，但是，刑法只有在侵权责任法的同时调整下，才能有效地保护公民的

1. 朱岩：《风险社会与现代侵权责任法体系》，《法学研究》2009年第5期。

民事权益，包括生命权、健康权、姓名权、名誉权、肖像权、隐私权、婚姻自主权、监护权、所有权、用益物权、担保物权、著作权、专利权、商标专用权、发现权、股权、继承权等人身、财产权益。这具体表现在：

第一，侵犯公民和法人的合法权益的行为，只有在情节严重并构成犯罪的情况下，才应受到刑罚的制裁。然而现实中大量的民事损害不可能进入刑法所调整的领域，这些民事侵权损害关系只能由侵权责任法调整。如果不能依据民法很好地解决纠纷，则有可能导致许多民事侵权行为最终酿成犯罪，危及社会秩序的稳定。

第二，对严重的民事侵害行为定罪量刑是建立在罪与非罪的严格区别的基础上的，而此种区别在一定程度上不过是严重违法行为与一般违法行为的区别，如果民事法律规范与刑事法律规范竞合部分规定模糊，则会模糊罪与非罪区分的标准。

第三，侵犯财产权和人身权的行为，常常会导致规范的竞合，也就是说，一个行为既构成犯罪又构成侵权，在发生规范竞合时，侵权责任和刑事责任可以同时并用。行为人承担民事责任不影响其承担刑事责任，反之亦然。

二、侵权行为与犯罪行为的相互关系

刑事犯罪行为是指违反刑事法律规范，具有刑事违法性的行为。民事侵权行为是违反法定义务的行为。民事侵权行为与刑事犯罪行为存在较大的可比性，下面就两者的共同点和异同点分别予以论述。

（一）共通性

一般认为，侵权行为与犯罪行为存在以下共同点：（1）侵权行为与犯罪行为都是违法行为。首先，从法理学角度而言，无论是侵权行为还是犯罪行为，两者都属于不法行为的范畴。从实证法律主义角度而言，不法行为是接受法律秩序制裁的前提。某些行为之所以是违法行为，是因为法律秩序对该行为赋予后果的制裁。如果该行为具有刑事违法的制裁后果，即为刑事犯罪行为，如果该行为具有民事违法的制裁后果，即为民事侵权行为。“法不禁止即自由”，无论是在刑法还是民法领域，如果法律没有对某种行为赋予法律的制裁，该行为就是合法的，反之，如果现行法律对某一行为赋予了法律制裁的后果时，该行为就被认为是不法行为。（2）侵权行为与犯罪行为都需要法律调整。侵权行为与犯罪行为都具有侵害性，是对合法法益的侵害的行为，需要法律对其进行调整。犯罪行为与侵权行为一经认为符合其构成，就必须依据法律法规直接发生法律后果。（3）侵权行为与犯罪行为逻辑构成与认定。侵权行为与犯罪行为是违法行为，因此两者不可能是意识行为，必定是事实行为。两者在法律上都有存在构成要件的问题。侵权行为的构成包括三要件说与四要件说。三要件构成理论包括：违法行为—损害后果—因果关系。四要件构成理论包括：违法行为—损害后果—过错—因果关系。犯罪行为的构成包括三要件说和四要件说：大陆法系的三要件构成理论包括：符合性—违法性—有责性。我国犯罪的四要件构成理论包括：主体—客体—主观方面—客观方面。侵权行为的构成与犯罪行为的构成具有相同的逻辑构成体系。在这一点上，大陆法系国家有明显的优势，无论是侵权还是犯罪，都按照构成要件符合性—违法性—有责性这种逻辑上一致的构成体系来分析。一般侵权行为认定的三个步骤或者三构成要件的认定有：首先，对构成要件的符合性进行判断。此时该要件包括以下四个要素：损害后果、违法行为、过错及因果关系。在这一阶段以损害事实为核心，以违法行为与损害后果之间的因果关系和过错为补充。其次，违法性判断。这一阶段需要对行为人造成损害时是否具备可减轻或免除责任的违法阻却事由进行认证、核实，《侵权责任法》中第三章对违法阻却事由作了具体的规定。如果行为人实施客观上的不法侵害时有相关的阻却事由，便可以减轻或免除侵权责任。在具体免责事由的前提下，不再追究侵权责任。最后，有责性判断。就理论来讲，这一过程应当判断行为人是否具备主观责任的阻却事由，由于我国民法将所有的一般抗辩事由都法定化，并界定为违法阻却事由，责任阻却事由没有法律依据，使得这一阶段的判断无所适从，而在大陆法系刑事责任的判断过程中，可作为判断的要素有：责任能力、故意或过失、违法意识和期待可能性，如果证明行为人具备上述免责要素之一，便可以免去行为人的刑事责任。由于侵权责任与刑事责任在价值取向上的不同，侵权损害赔偿不以行为人的主观恶性为必要，因此，在侵权责任中主观要件的认定比刑事责任主观要件的认定简单得多，依据《侵权责任法》第32条，无民事行为能力与限制行为能力人仍需要对自己的侵权行为承担侵权责任，民事责任能力不能阻却民事侵权责任的成立，依据主观违法性论，故意或过失要素已经包含在构成要件符合性的判断中，在这一阶段不需要重复认定。[1]

（二）特殊性

一般认为，侵权行为与犯罪行为之间存在以下区别：（1）行为的性质不同。犯罪行为是违反刑事法律法规，依照刑法应当负刑事责任的行为，侵权行为是违反民事法律规定，依照民法应当承担民事责任的行为。（2）侵犯的利益不同。犯罪行为是对社会秩序和公共利益的侵犯。侵权行为是对个人利益或集团利益的侵犯。（3）社会危害性不同。[2]认识侵权行为与犯罪行为的社会危害性的差异必须从"质和量相互统一"的角度来思考。从"质"的角度而言，犯罪的社会危害性由刑法保护的社会关系所决定，包括国家主权、领土完整、社会秩序等；而侵权行为的社会危害性则由其侵犯的客体，公民的人身权利和财产权利等决定。就"量"而言，犯罪作为"藐视社会的最明显、最极端的表现"，社会危害的严重性应是其题中之义，同时由于刑法调整的是个人与国家之间的冲突，也要求犯罪的社会危害性必须达到"相当的程度"。现行《刑法》第13条规

1. 赵微：《民事侵权与刑事犯罪的理论对接》，《学习与探索》2003年第2期。

2. 许可：《论刑事责任与侵权责任的完全分离——"赔钱减刑的正当性阐释"》，《东方法学》2008年第3期。

定："情节显著轻微、危害不大的，不认为是犯罪"，从量上揭示犯罪的社会危害性，从而划分为罪与非罪，尤其是为划分刑事犯罪行为、民事侵权行为以及行政违法行为提供了标尺。侵权行为作为民事行为，其社会危害显然没有达到刑事犯罪行为所要求的"最明显、最极端"的程度，但由于它同样是对法益的侵害，因而也具备"一定程度"的社会危害。并不是所有的侵权行为都可以转化为犯罪行为，只是其中严重侵犯他人人身和财产的时候才存在侵权行为转化为犯罪行为的情形。

三、两法衔接的调整对象

随着我国经济发展水平的提高，各种民商事纠纷呈现多样化、复杂化的趋势，此时如何正确甄别案件的性质，对于理论研究和司法实践来说都很有价值。

从司法实践来看，刑民衔接及交叉的案件具体表现可以划分为三大类：第一类，因不同法律事实分别涉及刑事法律关系和民事法律关系，但法律事实之间具有一定的牵连关系而造成的刑民交叉案件。例如，同一行为主体实施了两个独立的法律行为，分别侵犯了刑事法律关系和民事法律关系，但是都是基于同一行为主体，法律事实牵连，刑民案件交叉。第二类因同一法律事实涉及的法律关系一时难以确定是刑事法律关系还是民事法律关系而造成的刑民交叉案件。法律事实的复杂性和人类认知能力的有限性及差异性，决定了对同一法律事实存在不同的认识和理解，造成了公、检、法三方对案件性质的认识存有分歧，有的认为是刑事案件，有的认为是民事案件，由此形成了刑民交叉案件的一种特殊表现形式。第三类因同一法律事实同时侵犯了刑事法律关系和民事法律关系，从而构成了刑民交叉。此类交叉实质上是源于法规的竞合，由于刑法和民法都对该项法律事实作了相应的规定且竞相要求适用于该法律事实，造成刑民案件的交叉。[1]有学者把这三种刑民交叉现象，分别命名为“牵连型的刑民交叉案件、疑难型的刑民交叉案件和竞合型的刑民交叉案件”。[2]

医疗损害的刑民法律衔接主要属于第二种刑民法律的交叉类型，即“疑难型刑民交叉案件”，疑难型的刑民交叉的“疑难”主要在于，有些案件在事实没有查清、相关证据没有收集全面的情况下，无法真正判断该案是刑事案件还是民事案件。案件最终属于医疗犯罪还是一般的医疗损害，取决于结果，人民法院不能在案件侦查之前就决定其属于普通的民事医疗损害案件还是刑事案件。行为人应当承担哪种责任，对其使用刑事案件处理程序还是民事案件处理程序需要具体分析。

这就导致两种情形的出现：一种是泛民化，另一种是泛刑化。医疗损害目前存在的问题主要表现在泛民化，也就是对于医疗纠纷都按照被告承担民事责任的思路审理，这会导致有些重大医疗过失案件应该对被告进行刑事责任追究的，却按民事化处理，在一定程度上纵容了部分无良医生，1997 年《刑

1. 江伟、范跃如：《刑民交叉案件处理机制研究》，《法商研究》2005 年第 4 期。
2. 刘宇：《民刑关系要论》，吉林大学 2007 年博士学位论文，第 317 页。

法》增设医疗事故罪以期更好地规制重大医疗过失，泛民化使医疗事故罪形同虚设，不利于维护正常的医疗秩序。这主要与我国目前的司法实践中，重大医疗过失寻求刑事途径解决存在诸多法律障碍，同时患者和家属也希望能得到经济上的补偿，对是否追究当事人刑事责任缺乏法律意识，也缺乏强烈的意愿有关。

第二章　两法衔接医疗过失行为认定研究

第一节　两法衔接医疗过失行为认定的概述

无论是民事执法还是刑事执法，执法的前提与基础是对某一违法行为的具体认定，因此，本章采用“行为认定”一词来考察两法衔接的执法问题。本章所指的行为认定，主要是指司法机关对某一医疗违法行为的民事违法性和刑事违法性的具体判断和确定。

一、医疗行为的界定

医疗行为的实施是某种行为被认为是医疗民事、刑事犯罪行为的前提，在医疗活动中正是由于不正确的医疗行为过失造成了对人体伤害的结果。我国的一些学者将这种医疗事故的过失称为“不当医疗行为”。[1] 因为医疗行为是判断医疗过错的前提，因此有必要在讨论医疗过失之前明确医疗行为的概念。

我国台湾地区将医疗行为区分为两种，即狭义的医疗行为

1. 张江红：《论医疗事故及医疗事故技术鉴定结论的性质》，《法律与医学杂志》2001年第1期。

和广义的医疗行为。台湾地区有关行政部门在 2002 年 2 月 8 日作出的解释中，对狭义的医疗行为作出了明确的解释。“所谓医疗行为，系指以治疗或预防人体疾病、伤害或残缺为目的”这一核心要素。广义的医疗行为具体区分为临床性医疗行为、实验性医疗行为、诊疗性的医疗行为以及非诊疗目的的医疗行为。需要明确的是在司法实践中采取的医疗行为概念，实质上是将变性手术、医学技术减肥以及结扎等纳入医疗行业范围的广义医疗行为。

我国对“医疗行为”的概念在医疗法律法规中并没有明确的规定。医学上通常认为，医疗活动是指在保护和加强人体健康、预防和治疗疾病的实践活动。[1] 这是相对传统的界定，仅仅将医疗活动局限在以医疗为治疗目的的范畴内。在行政法规中，通常将医疗行为直接理解成“诊疗护理工作”。卫生部在《关于〈医疗事故处理条例〉若干问题的规定》及《医疗机构管理条例实施细则》第 88 条第 1 款中对诊疗活动作出了判断，即消除疾病、减轻痛苦、改善功能、延长生命、帮助患者恢复健康的活动。我国刑法学界对医疗行为的概念并没有进行过深入的研究，只是有个别学者对此概念进行了界定。“医疗行为是指医务工作者出于正当目的，经就诊人或其监护人、亲属、关系人同意，对其身体健康检查、疾病治疗或者进行计划生育手术的行为。”该定义采取了列举的方式定义医疗行为，但是

1. 陆志刚：《医学导论》，人民卫生出版社 1999 年版，第 35 页。

列举法本身具有局限性即无法穷尽。例如医疗减肥行为以及变性手术等。其次，该定义对医疗行为的前提作出了明确的规定，即就诊人或其监护人、亲属、关系人同意。但是，现实生活中却存在例外，比如强制戒毒，从医学上讲也属于医疗行为但却不需要任何人的同意。

随着时代的变化，医疗理论研究的不断深入以及医疗技术的提高，医疗行为的内涵会随之发生变化。在当下无论是法律法规还是学术论著都没有对医疗行为的内涵和外延作出准确的界定，这不失为一种缺憾。

二、医疗过失行为的概念界定

在当今社会中，“随着医疗技术日益复杂，当代医疗保健领域渐趋变化，医生和患者的社会互动方式正在远远超出两个人的范畴”。[1] 医患关系伴随着医疗纠纷的增长也日渐紧张，可见，医疗纠纷已经成为“全世界的问题”，而引起医疗纠纷的原因中，最为常见的情形是医疗过失。因此，以界定“医疗过失”为入口，厘清相关的法律规制问题，可以有效促进医疗纠纷的解决。

医疗过失，在日本被称作“医疗过误”，是指“医师在对患者实施诊疗行为时违反义务上的必要的注意义务，从而引起对患者的生命、身体的侵害，导致死伤结果的情形。它作为一

1.［美］威廉·科克汉姆:《医疗社会学》(第 7 版)，杨光军等译，华夏出版社 2000 年版，第 209 页。

个法律术语而存在，是医疗事故的下位阶概念”。[1]而在英美法中，医疗过失表述为“Medical Malpractice”一词，被纳入侵权法的范畴，是指医师对其法定的注意义务的违反。

在我国关于医疗过失的含义，并没有明确的法律规定，并且习惯上使用“医疗事故”这一概念。例如，我国《医疗事故处理条例》第2条规定：“医疗事故，是指医疗机构及其医务人员在医疗活动中，违反医疗卫生管理法律、行政法规、部门规章和诊疗护理规范、常规，过失造成患者人身损害的事故。”又根据该条例第4条对医疗事故等级的规定，只有在医疗过失行为造成严重的医疗损害结果时，才认为其构成医疗事故罪。

总结各国对医疗过失概念的界定，一般认为，所谓医疗过失，是指医师在医疗过程中违反必要的注意义务，从而对患者的生命健康造成伤害的情形。其中，医务人员“违反必要的注意义务”，是指医务人员在医疗过程中，基于相关医疗管理法律、法规、规范对医疗执业的规定，对于可以避免的医疗伤害，本应注意并且能够注意，却没有注意，或者虽然注意但确信其伤害结果不会发生，从而导致其医疗行为对病患的生命健康造成伤害。由此，笔者认为，可以对医疗过失的含义作如下定义：所谓医疗过失，是指医务人员在医疗过程中，违反医疗管理法律、法规、规范等对医疗执业的规定，对于可以避免的医疗伤害，应注意、能注意而未注意，或者虽注意但确信其不

1. 强美英：《医疗事故认定标准研究》，中国政法大学2008年硕士论文，第7页。

会发生，从而导致其实施的医疗行为对病患的生命健康造成医疗伤害的情形。

三、医疗过失的判断标准——注意义务

“在日本，‘过失’一词与‘违反注意义务’一词在含义上是完全相同的。”我国刑法理论的通说认为，“过失的本质，是注意义务的违反”。[1]因此，“过失”的判定，核心是判断其是否违反医疗注意义务；这其中，主要涉及两个最重要的因素——即医疗注意义务和医疗注意能力的判断。

所谓注意义务，是一种法律上的义务，是指法律、法规及社会日常生活所要求的为一定行为或者不为一定行为时应当慎重留心，以避免危害社会结果发生的责任。[2]注意义务是过失犯罪成立的前提，即行为人必须违反客观的注意义务，并且从事了侵害法益的行为，才会成立过失犯罪。就客观注意义务而言，法律法规必须斟酌各种社会活动所具有的不同的危险方式和危险程度，订立各种不同的注意规则，以此避免风险的产生和由此带来的损害结果。尤其在一些具有高危险性的社会活动中，如医疗、航空、航海、电力、建筑、交通、核能、竞技比赛等，注意规则的订立被赋予更多的意义，其目的在于提醒参与这些活动的行为人，应当谨慎履行该注意规则，如果其疏于或怠于

1.［日］西原春夫主编：《日本刑事法的形成与特色》，李海东等译，法律出版社1997年版，第253页。

2. 胡鹰：《过失犯罪研究》，中国政法大学出版社1995年版，第74页。

履行这些规则，通常即可认定该行为违反了客观的注意义务。

在医疗活动领域，医务人员的注意义务主要有以下几方面内容：

（一）医疗注意义务的根据

“注意义务”的根据，不以法令有明文规定者为限。医学与法律学等社会科学不同，法律学等社会科学，系由人类数千年来从事社会生活的经验长期积累所形成的学问，无法以科学实证的方式加以验证；而医学通常均有一定的科学分析与统计，得透过科学实证的方式而获得验证。所以，医学不但无分地域与国界，且与一般的民情风俗或个人的感情意识完全无关。因而，医学常规或医学文献、医学教科书等，亦常以之作为注意义务的重要根据。具体来说，医务人员的注意义务主要来自以下几方面：

1. 法律规范的规定

医疗行为中的注意义务首先来源于法律、法规、规章等法令的规定，它们是注意义务的主要根据。我国法律条文中没有明确指出医务人员的注意义务，但是在其他相关的卫生法律、法规中，医务人员的注意义务已经被具体化为预防医疗危害结果发生所必需的作为与不作为义务，主要包括：（1）医疗管理法律、法规等法律规范，如《医疗事故处理条例》《执业医师法》《护士管理办法》《医疗机构登记管理办法》等；（2）各个医疗机构基于业务管理制定的各项规章、制度、办法等，如各医院、科室根据医疗卫生法律、法规、规章，结合本机构、部门、人员工作实际，制定的各项规章制度。

这些法律规范的区别在于：当医务人员违反了应尽的注意义务，但是尚未造成严重后果时，其伤害结果并没有达到刑事处罚可罚性的程度，因而此时行为人并没有违反刑法上的注意义务，只是可能构成普通的医疗过失。

2. 医疗常规的规定

除了法令上的规定，医务人员的注意义务还来自诊疗护理等医疗常规的规定。我国有学者指出："诊疗护理常规所规定的义务，是医疗行为人从事医疗行为时所自然产生的义务。"[1]在临床医学上，由医疗业务习惯、条理或者医疗经验等形成的医疗常规，同样是注意义务的重要根据。一般来说，在判断是否违反此类注意义务时，应当以最基本的医疗职业行为规范，也即是相同业务的医务人员一般所应遵守的注意规则作为判断标准。但是，考虑到医疗行为本身具有高风险性和不确定性，笔者认为，虽然医疗常规是标准，但是在此基础上，结合当时、当地和行为人本身可能具有的特殊性，进行具体的判断，将更具合理性，也更符合公平、公正的要求。

3. 具有专业权威性的医学文献等的规定

医疗行为是高度专业化的行为，这是医疗行为较之其他业务行为的不同之处。在认定医疗行为人是否违反注意义务时，参考医学文献的记载是非常必要的。另外，由于医学学科知识不分国界，因此国内外具有权威性的医学文献、教科书和医学

1. 周光权：《注意义务研究》，中国政法大学出版社1998年版，第61页。

专著等，亦属医疗上注意义务的重要根据。

4. 其他应有的一般注意义务

这类义务是指在上述三类义务之外，作为社会一般大众应当承担的尊重他人利益的义务，包括在日常生活中阻止危险或侵害行为的发生应尽的注意义务，是维持社会公共秩序所必需的注意义务。因此，作为社会大众的一员，医务人员也应当履行此项注意义务。

（二）医疗注意义务的内容

关于注意义务的内容，中外法学界也存在很多争议，其主要的观点有三种：即结果预见义务说、结果回避义务说、结果预见义务与结果回避义务说。因此，医疗过失中的注意义务包括结果预见义务与结果回避义务两方面，违反前者成立疏忽大意的过失；违反后者则构成过于自信的过失。

1. 结果预见义务

“结果预见义务”是以“结果预见可能性”为前提的，因为我们不能要求行为人对于他根本不可能想象到会发生的结果负担刑事责任。法律之所以要求医务人员对于发生伤害结果要有所预见，是因为我们信任通过专业医学教育培养的医务人员，会谨慎地对待我们的生命或者身体。

关于结果预见义务的内容，中国刑法学界主要有一般结果说和具体结果说两种学说。[1] 一般结果说为前述过失理论中

1. 赵秉志、刘志伟：《犯罪过失理论若干争议问题研究》，《法学家》2000 年第 5 期。

的“危惧感说”所主张，它的提出是为解决企业中频繁出现的公害事故，故而具有其时代的积极意义和作用。但是，随着现代社会科技的快速发展，越来越多的带有危险性的人类活动的出现，这一观点无疑会扩大过失犯的成立范围，进而阻碍社会的进步。因此，笔者认为，采用具体结果说更加合理。按照具体结果说的观点，医务人员由于其医疗过失行为而承担刑事责任，就必须造成《刑法》第335条明确规定的“就诊人死亡或者严重损害就诊人身体健康”这一危害结果。[1]

举例说明：甲医师未注意到乙病人在进行手术前后所作的血液常规检查的结果呈现血小板过低的状况，在他对病人进行手术后，病人因凝血功能异常导致伤口失血过多而休克死亡。在这一案例中，甲医师应当注意、并且能够注意到病人手术前的血液检查结果，进而判断乙病人是否适合进行手术，或者是否应当采取适当的治疗方法，但却因为疏于注意，产生了病人死亡的危害后果。甲医师违反了其注意义务，因而是有过失的。

2. 结果回避义务

“所谓结果回避义务，是指行为人应当集中注意力，保持意识的紧张，以采用结果回避措施的义务。”[2]就医疗过失来讲，违反结果回避义务，就是指医务人员对其可以预见的医疗危险本应该加以回避，但没有回避的情形。

1. 参见我国《刑法》第335条对“医疗事故罪”的规定。
2. 杨丹：《医疗刑法研究》，中国人民大学出版社2010年版，第118页。

例如，某医师在对病人实施手术时，舍弃麻醉药效较佳的麻醉药，而使用有缺点的可卡因导致病人死亡。在这则案例中，作为医师，他虽然预见到使用可卡因可能发生医疗伤害的后果，本应当预先采取对策，使用较安全的麻醉药物，但是他却自信危害结果不会发生。其虽非故意，但是违反了结果回避义务，而有过失。

在医疗活动中，“结果回避义务”是以“结果回避可能性”为前提的，是回避医疗可能发生危险或者有害结果的义务。由于医疗行为本身具有一定的侵袭性、危险性、不可预测的风险性等特征，如何有效地、最大限度地避免发生医疗事故，应当是医疗活动首要考虑的问题。从这一角度来说，医务人员的结果回避义务比结果预见义务更为重要。

医疗上，结果回避义务的内容具体包括：其一，医务人员在实施医疗行为之前，应当对病患的身体状况、自身的医疗水平、医院的医疗条件等客观因素作出合理的判断，首先要尽量避免实施可能导致产生医疗事故的危险性医疗行为，采取符合当时医疗水准的医疗方式；其二，医务人员可以预见危害结果时，应当在实施医疗行为时做到谨慎、细致、专业，从而避免医疗伤害结果的发生。

（三）医疗注意能力

根据我国台湾地区学者甘添贵教授的观点，“医疗过失，是指医生在执行医疗行为时，应注意、能注意而不注意，致有疏失的行为”。因此，医疗过失行为要成立犯罪，除了应当具备“应注意”的注意义务之外，还应当具备“能注意”的注意能力。关于注意能力的判断标准，我国法律理论界有以下三种学说：

一是主观说（行为人标准说）：该说主张判断行为人是否具备注意能力，应当以行为人自身的能力、经验、技术和知识程度为准。因此，“行为人不尽自己能力所及之注意力者，即为有过失，亦称具体的过失，是以此说又称具体说”。支持主观说者的理由在于：（1）不作为是以行为人的作为能力作为义务的基准，所以过失犯也应当以行为人的注意能力作为注意义务的基础；（2）不同的行为人，其注意能力有高低不同，如果以同样的标准认定，显然是不合理的。

二是客观说（普通人标准说）：该说认为，判断行为人是否违反注意义务，应当以一般人或普通人的注意义务为准，与民法上所谓“善良管理人”的注意标准相当。因此，只要行为人未尽其作为善良管理人的注意，即是违反了注意义务，从而构成过失责任。至于行为人的主观注意能力如何，有所不同。笔者认为，这里的“善良管理人”的对应标准应当是在行为当时的社会一般人所具有的谨慎周到的注意能力。

三是折衷说：该说认为注意义务系属社会生活上所要求之一般的标准，而非过度义务之要求。因此，对于注意义务之确定系是客观说之立场，但对违反注意义务之认定则是主观说之见解。我国台湾地区学者曾淑瑜认为：折衷说中又有两种不同的主张：一种是基于过失的内容分为“行为的不预见”与“结果的不预见”，前者以客观说为衡量不预见程度的标准，后者则以主观说为准；另一种是主客观统一，在客观说范围内承认主观说的观点。这种观点认为，通常来说，应当以一般人的注意能力即客观说为准，但是由于行为人注意能力的高低程度不同而有所区别，若行为人的注意能力高于社会一般人时，仍应当以客观说为准；若行为人的注意义务低于社会一般人时，则应当采取主观说，以行为人自身的注意能力为准。[1]

笔者认为，在医疗领域内，在前述三种学说中，医务人员的注意能力应当采取客观说为标准。主要理由如下：（1）医疗工作本身具有专门性、高度危险性和风险性等特征，医务人员必然有充实的医学知识、技能以适应医学水准快速提升的义务。若以医师的注意能力高低不同，即采取客观说和主观说两种不同标准，则“无知”便成为免除医疗过失的理由，这无疑将对病患的生命、身体健康带来不可预知的危险情境。（2）世界上大多数国家针对医疗业务都设置了职业资格制度，我国即是如此。医务人员在执行医疗业务之前，必须已经通过医师执业资格考试并领有医师资格证书。因此，已经取得医师资格证书或者许可执照的医务人员，表示其已具备一般医务人员应当具有的医学专业知识和技能，故以一般医务人员的平均注意能力为准更为合理。

当然，由于医疗技术水准具有时间性和空间性，在采用客

1. 曾淑瑜：《医疗过失与因果关系（上册）》，台北图书出版有限公司1998年版，第133—134页。

观说的判断标准上，还应当注意要以同一时代、同一地区的一般医务人员的平均医疗技术水准为准。另外，针对不同类型的医务人员，其注意能力的判断标准已有所不同，例如全科医师、专科医师和实习医师的注意能力自有不同，是以同科领域范围内医师的平均注意义务为准。

（四）认定注意义务的具体问题

1．医疗水准

在日本和我国台湾地区刑法理论及司法实践中，判断注意能力的最重要的一个因素即是“医疗水准”。那么，在医疗过失判断中的“医疗水准”具体指的是什么？

对此，日本法学理论研究和实务上的做法表明，这里所说的“医疗水准仅仅指的是实践上的医疗水准，而非医学研究上的医疗水平”。[1]

笔者认为，医疗水准的界定问题直接关系到医疗注意能力及医疗过失的判断与认定，因此必须充分考虑各方面影响因素，具体来讲，应当首要把握好以下几个问题：

其一，医疗水准的时间差异性。

随着医学技术水平的不断提升，医疗水准的内容和标准并不是一成不变的，而是具有动态性的特征。在医疗实践中，某种医疗手段或者方法可能经历从实验—检验—普及化这三个阶段方能形成医疗水准。只有当这种医疗手段或行为经历了前两

1．朱柏松：《适用消保法论断医师之责任》，《法学论丛》1998 年第 4 期。

个阶段的探讨、完善并得出科学性的结论后，才能具有被医学界和一般医务人员肯定的普及性，从而作为判断医务人员注意能力也即医疗过失的根据。

笔者认为，确立医务人员的注意能力所依据的医疗水准，只能以实施行为而非纠纷发生时的医疗水准作为判断依据。因为，我们不可能要求医师能够了解和掌握他在行为当时并未知悉的未来发生的先进的医学理论和技术，这对医师是不公平的。当然，同样不能采用过去的、落后的医疗技术或方法作为医疗水准进行评判，这就意味着，如果医务人员没有采用当时已经被普遍认可的医疗技术或方法，而是运用某种过去的、落后的诊疗方法，以致发生伤害患者的严重后果时，应当认定其“未尽医疗注意义务”，从而可能承担医疗过失责任。

其二，医疗水准的地域差异性。

众所周知，我国幅员辽阔，各个地区之间发展极不均衡，医疗资源配置的不均，导致医疗水准的提升时间并不完全统一和同步。对于那些经济相对落后、医疗设备等资源相对不足的地区，医疗技术的普及程度同样较低，此时，应当如何认定“医疗水准”呢？

根据我国《执业医师法》的相关规定，只有通过全国统一的医师执业资格考试或者经过专业机构认定，方能取得医师资格，进而实施医疗行为。换言之，在我国，只有取得医师资格的医师，才允许其从事医疗行业，而这些参加并通过医师执业资格考试取得医师资格的医务人员，就应当认为其医疗技术水平达到了在全国范围内普遍适用的医疗水准。

其三，医疗水准具有一般和专科的差异性。

通常来说，医师有全科医师与专科医师的分类，但是并不是所有国家和地区都实行专科医师的制度。在实施专科医师制度的国家（地区），例如我国台湾地区，注意义务的标准是指本专科理性医师的一般标准；在未实施专科医师制度的国家，例如日本，诊疗科别的分类只起到宣传的作用。因此，笔者认为，对此问题，应当具体问题具体分析：对于全科医师而言，在判断其注意能力时，对其所要求的医疗水准应当是以全科医师所应具备的一般的医学知识和技术水平为准，而不能加以更高程度的专科医师的医疗水准的严苛要求；对于专科医师而言，则理所应当地具备更为专业的医疗技术水平，一般而言，其所承担的医疗注意能力通常要高于全科医师。

另外，医疗水准在不同医疗机构之间也存在等级的差异性。在现实生活中，医疗机构依照医疗设备和医务人员配置被分为不同的等级，例如，我国的医疗机构分为三级十等，其中，最高级别为三级甲等医院，最低级别为卫生院。不同等级的医疗机构之间，是否应当适用不同的“医疗水准”呢？对此，笔者持否定意见，无论医疗机构的等级或者该机构的医务人员级别和水平如何，都应当遵守本地域内当时的一般医师的注意义务标准，在认定医疗过失行为人注意能力时，以此为基准。

2. 医师裁量权

医疗行为关乎病患生命健康权益，是一种特殊业务行为，基于其所具有的高度危险性和疾病的复杂性，医疗实践中对很多疾病往往并没有确定的、模式化的医疗方案和方法，同时也是为了便于医师进行有效的治疗，促进医疗行业的发展，医学界赋予了医师在一定范围内自由活动的权利。这也使得我们在判断医务人员注意能力以及认定医疗过失的问题上变得更为困难。

笔者认为，在以医疗水准判断医师注意能力的前提下，应当允许医师在一定的条件和情况下，拥有一定的自由裁量权力。但是，医师的这种自由选择的裁量权力，应当限制在一定的科学合理性的范围之内，以不违反当时当地的一般的或者公认的医疗水准为原则。

第二节　医疗过失刑法规制的必要性

在刑法学界，对医疗过失进行刑法规制的意义和必要性的讨论和争议一直是医学界乃至社会大众关注的热点。对此，人们不禁发出疑问：对医疗过失是否有必要从刑法上对其进行规制？抑或是进行除罪化？如果认为有必要，那么它的理由和根据何在？因此，笔者分两个方面对这一问题进行分析和探讨。

一、医疗过失除罪化问题探讨

在医患双方之间的信赖关系日渐受到侵蚀的情况下，就医界而言，医护人员对于医疗纠纷诉讼的危惧感日增，从而导致不少医护人员态度转趋保守，以求自保；同时，亦有医学系年轻学子，为避免官司缠身，在选择医学专业科别时，刻意排除医疗纠纷高发的科别，长此以往，势必会造成医疗机构某些科别欠缺专科医师的困境。

针对这些困境和问题，一些医学界人士开始呼吁对医疗过失行为除罪化。但是因为医疗行为关乎人命，同时，法学界基于公平正义的考量，在观念上也与医学界存在差距，因此并未采取医学界的主张。理论上，对“医疗过失”行为是否应予以除罪化的探讨，存在赞成和反对两种论点，他们的理由分别如下：

（一）赞成医疗过失除罪化的理由

1. 医疗事业属于善意的工作：我国台湾地区学者王泽鉴认为，“医疗行为是救人的善意工作，应以不罚为原则。医疗过失若以刑罚制裁，将使医师过度紧张，而不敢大胆地从事救人工作，使有获救希望的病人，陷于死亡”。[1]

2. 刑法谦抑主义：依照刑法谦抑性的观点，医患关系主要为民事契约关系，属于民事范围，不应以刑罚强制介入。

3. 医疗行为具有高风险性和高度不确定性：医疗行为本身所具有的相当危险性，决定了医疗过失在所难免。若以民事赔偿还填被害人的损害，较为合理，而不应以刑罚加以制裁。

1. 王泽鉴：《医学伦理与法律》，《台湾医界》2004 年第 5 期，转引自蔡振修：《医事人员过失除罪化的争议与正见》，《医事法学期刊》2004 年第 1、2 期（合订本）。

4. 以民事赔偿代替刑法制裁是国外发达国家和地区针对医疗过失纠纷采取的一贯做法。

5. 国家和社会在培养医疗专业人员上的不易：众所周知，国家培养一名合格的医师很不容易，从求学到完成训练、实习，需要数十年的时间。若因为一时不经意的过失而遭致牢狱之灾，不仅是对医师个人的一大打击，同时也是国家和社会的一大损失。

6. 刑事诉讼程序极其繁琐：医务人员一旦涉及刑事诉讼，由于刑事诉讼程序十分繁琐、耗时费事，必然会疏于对病患的治疗和护理，甚至会延误病患的治疗而可能导致严重后果。

7. 要求医师负担医疗过失刑责，可能会迫使医师采取防御性医疗："防御性医疗"的产生，很大程度上是由于医疗纠纷案件的频发，导致医师在对病患进行治疗过程中态度趋向保守，以后再遇到类似病例，将不敢放手实施救治措施，如此一来，最终受害的还是病患本身。

（二）反对医疗过失除罪化的理由

1. 民事责任和刑事责任并行不悖：在法律范围内，医患关系中的民事法律关系和刑事法律关系并存，且两者可并行不悖，并不冲突；而民事责任与刑事责任之间不能互相替代或转换。

2. 破坏"法律面前人人平等"的法治原则："法律面前人人平等"是我国宪法确定的法治原则。而我国《刑法》第4条规定："对任何人犯罪，在适用法律上一律平等。"不允许任何人有超越法律的特权，是刑法对这一法治原则的具体体现，也是我国刑法的一项基本原则。这一原则的意义在于：行为人的行为如果符合刑事法律所规定的犯罪构成要件，除该行为人欠缺责任能力或者有法定阻却违法事由外，均应依法受刑事追诉，不能因其职业、身份之不同而有差异，也不因其已负民事赔偿责任而免除刑责。如果法律专为医疗专业人员开辟一条不适用的特殊地带，则无异于破坏法律面前人人平等的法治原则，也不符合现代法治的公平正义的理念。

3. 不能因行为具有高风险性而免除刑事责任：单纯因医疗行为具有相当程度的高危险性，并不足以作为刑法对过失犯作出例外规定的法律理由。因为在科技发达的现代社会，许多高科技的运用均具有相当的风险性，并非医疗行为所独有。如果刑法针对所有高风险性行为均不处罚其过失行为，则刑法的规范功能将无法实现。

4. 刑法对生命权益的“绝对保护”原则：生命与身体法益是刑法必须保障的重要法益。刑法不能为了促进医疗技术的发展或研究，而舍弃对生命、健康权等重要法益的保障。相反，刑法在衡量两者的天平上更倾向于后者，采用“生命绝对保护原则”。

（三）本书见解

通览前述正反两说的观点和理由，同时结合我国目前医疗、法律、社会的现实状况，笔者认为，针对医疗专业人员的医疗过失行为，不宜全部免除其刑事责任。

首先，针对赞成医疗过失除罪化所提出的各点理由，笔者在此分别作出回应：

1. 医疗事业虽然属于善意工作，但并不等于在现实中所有医疗行为均无过失，虽善意但有过失的医疗行为同样不能免责。

2. 医患关系在本质上不仅是一种服务合同关系，同时也是一种信任关系。然而，由于我国目前的医患关系仍然存在信息不对称的问题，如果过度强调刑法的谦抑性，可能造成的后果是对罪犯过分宽容，而对被害人和社会却是一种残忍。

3. 在高速发展的现代社会，并非只有在医疗行业经常发生具有高危险性的医疗行为，其他如建筑、交通、科技等行业同样伴随着极大的风险性。

4. 西方发达国家对于医疗上的重大过失，同样要负刑事责任，可能构成过失致死罪、过失重伤罪及轻率致伤罪。

5. 国家和社会培养医疗专业人员固然不易，但同样的情形存在于各行各业，况且职业和行业不分等级和贵贱，不应当在适用法律上有所差别。

6. 相比民事诉讼程序，我国的刑事诉讼程序虽然较为繁琐，但这不应成为免于刑事责任的理论基础，因为无论程序繁琐与否，对于所有行业领域行为并不存在差别待遇。

7. 有关医师的“防御性医疗”问题应当在不断提高医疗专业人员水平和医疗管理制度上作出改善，而不能通过立法上的除罪化来解决。

其次，笔者认为，我们还应当注意的一个问题是：对医疗过失行为虽然不能完全免除刑事责任，但是考虑到与其他危害社会的犯罪行为相比，它具有医疗行业和行为上的专业特殊性，必须在刑法谦抑性理念的指导下，排除那些情节轻微的医疗过失行为的刑事处罚。

二、对“重大的”医疗过失进行刑法规制的理论根据

在笔者看来，是否构成犯罪以及是否应当被追究刑事责任，首先要考虑这种过失行为是否具有犯罪的本质特征、是否符合刑法的价值目标和刑罚的目的，医疗行业的特殊性是否能够作为医疗过失免责的依据。因此，如前文所述，笔者认为有必要对“重大的”医疗过失进行刑法规则，其理论根据可以从以下几方面加以论证：

1. 从犯罪的本质特征看，重大的医疗过失具有一定程度的社会危害性

我国刑法中明确规定，具有社会危害性是犯罪的本质，而社会危害性的内容是对法益的侵犯。社会危害性是客观危害和主观恶性的统一，犯罪不仅要有质的规定，也要有量的限制。从客观危害方面看，医疗过失造成了“就诊人员死亡或者严重损害就诊人员身体健康的危害结果”，并且这种结果是由于医务人员违反相关法律法规和诊疗护理规范等严重不负责任的行为引起的；从主观恶性方面看，医疗过失的行为人即医务人员虽然对发生医疗事故的危害结果没有直接或者间接的主观

故意，但是如果当其医疗过失行为的情节极其恶劣或者对患者造成的伤害达到一定的严重程度时，则表明行为人未尽到或者忽视了自己作为医务人员应尽的职责，是对患者的生命健康权益的漠视。应当说，这种极端不负责任的行医态度和行为是具有一定的社会危害性的，应当采用刑罚手段加以惩处。只有这样，才能充分保障在医患关系中处于弱势地位的患者的生命健康权益，同时也从另一方面维护和尊重了医疗行业规范和“治病救人”的神圣使命。

2. 从刑法的价值目标看，对重大的医疗过失追究刑事责任符合刑法的价值理念，并不违反刑法谦抑性的要求

根据陈兴良教授的观点，现代刑法的三大目标是公正、谦抑、人道。这里，笔者仅从最具争议的刑法谦抑性方面加以探讨。刑法的谦抑性表现在，对于某种危害社会的行为，国家只有在运用民事的、行政的法律手段和措施仍然不足以规制时才能运用刑法的方法。在当今西方发达国家，实现刑法谦抑性的主要途径在于非犯罪化和非刑罚化。所以，讨论医疗过失是否应当承担刑事责任，就是讨论这一行为是不是确有必要禁止的行为。从世界各国关于医疗过失责任的规定和司法实践来看，基于医疗行业的特殊性以及医疗过失行为人主观恶性较小等特征，一般通过民事和行政法律手段加以处理，只有对于极其严重的医疗过失才定性为“业务过失犯罪”加以刑罚处罚。而我国刑法针对医疗过失刑事责任则专门规定了“医疗事故罪”这一罪名，同样也只针对那些医务人员严重不负责任、造成严重

危害结果的情形。

因此，对医疗过失的刑法规制，不能仅仅强调刑法的谦抑性，必须在保障医患双方合法权益之间找到一个平衡点：对于一般的医疗过失可以在民事和行政责任范围内解决；一旦突破了这个“平衡点”，达到了“严重”的程度时，医疗过失行为人就应当负担刑事责任。

3. 从刑罚目的看，对重大的医疗过失施以刑罚能够达到预防犯罪和保护法益的目的

现代刑罚的目的是预防犯罪，包括特殊预防和一般预防。前者指防止犯罪人再次犯罪，后者指预防社会其他成员犯罪。对医疗过失行为加以刑罚，从特殊预防角度讲，可以有效防止医务人员在实施医疗行为时违反医疗规范和严重漠视患者生命健康权益的情形；从一般预防角度讲，对其施以刑罚，保障了患者的合法权益，同样对其他医务人员起到警示和预防的功效。

综上所述，医疗过失刑法规制的意义及必要性在于，在目前社会现实条件下，不宜完全免除医疗过失刑事责任，对重大的医疗过失有必要进行刑法上的规制。其原因在于，重大的医疗过失因其具有“社会危害性”的犯罪本质特征，使其承担刑事责任并加以刑罚处罚，符合刑法的价值目标和刑罚目的。同时，我们还应当注意到，与其他危害社会的犯罪行为相比，医疗行业和医疗过失行为具有特殊性，必须在刑法谦抑性理念的指导下，排除那些情节轻微的医疗过失的刑事处罚。

当然，笔者认为，当前对于医疗过失的研究，将重点放在是否应当除罪化上是不现实的，较为务实的做法应当是，在立法、司法完善问题上更多地从现行理论学说及实务中探讨医疗过失的认定及其刑法规制，以解除医学界、法学界和社会大众对于医疗这一特殊行业相关行为尤其是医疗过失的法律评价和法律规制问题的困惑，这也是笔者撰写本书的目的与期冀。

第三节　医疗过失行为的刑民认定标准

《侵权责任法》第七章专章规定了“医疗损害责任”，虽然在其侵权责任的规定中没有直接规定刑事责任，但是《刑法》分则第六章妨碍社会管理秩序罪中规定了医疗事故罪、非法行医罪等。因此，医疗损害行为也包括民事行为与刑事行为的竞合关系问题。

一、医疗过失行为在刑法中的规定

我国刑事医疗过失的立法在新中国成立后命途多舛，由于抛弃了民国时期已经初步成型的以大陆法系为特色的“六法全书”，立法曲折，司法无据，一度极为混乱。1979 年刑法未规定刑事医疗过失相关条文，一般按《刑法》(1979 年刑法）第 187 条玩忽职守罪予以处理，然而司法实践中罪名却极度不统一。1997 年《刑法》第 335 条专设了医疗事故罪，对其构成及处罚标准作了规定："医务人员由于严重不负责任，造成就诊人死亡或者严重损害就诊人身体健康的，处三年以下有期徒刑或者拘役。"

（一）本罪的客观表现形式：严重不负责任

关于"严重不负责任"的理解，有学者曾将其解释为本罪的主观过失。但是根据最高人民检察院、公安部《关于公安机关管辖的刑事案件立案追诉标准的规定（一）》（以下简称《规定（一）》），明确了医疗事故罪中"严重不负责任"的行为表现形式。通过《规定（一）》的立法确认，本罪的"严重不负责任"包含了作为与不作为两种形式，成就本罪的前提条件可总括为违反法律、法规及诊疗常规的医疗作为或不作为。

（二）法定危害结果：造成就诊人死亡或严重损害就诊人身体健康

在《规定（一）》出台前，医疗事故罪的危害结果认定为理论及诉讼事件的争议区，学界曾有关适用医学标准、法学重伤标准、折中标准的理论争鸣。《规定（一）》的出台肃清了标准适用的暧昧，本罪中"严重损害就诊人身体健康"表现为造成就诊人严重残疾、重伤、感染艾滋病、病毒肝炎等难以治愈的疾病及其他。通过本罪与非法行医罪关于"严重损害就诊人身体健康"的认定标准比较，前罪的追诉标准高于后者，后罪中的严重损害可表现为轻度残疾、气管组织损害导致的一般性功能障碍即可。追诉标准的不同体现了刑事立法对于医疗事故罪的审慎、谦抑。

（三）特殊主体：医务人员及其特定主体

本罪为特殊主体，强调医务人员的身份特征。根据我国现行的医疗制度，卫生人员（医务人员）共计四大种类：医师、护士、药师、技术人员。团队医疗模式是当下医疗活动的主流组织形态，是医疗分工细化下的卫生人员技能和机构优化。关于本罪主体是否包含医疗机构的其他工作人员，如后勤服务工作者，主要有三种理论见解：第一，有学者指出“诊疗护理工作室群体性的活动，本罪主要应包括从事医疗管理、后勤服务等工作人员”。第二，部分学者主张，“本罪的主体只能由前述四种卫生技术人员构成”。第三，“除上述四类卫生人员外，医疗机构中其他负有特定保障公民生命安全义务的工作人员因未履行其义务造成本罪法定结果的，也应视为本罪的主体”。[1] 在分析这种做法的理由时，有学者指出“这种主体范围的划分既不扩大本罪的犯罪主体，也避免了因过于严苛的主体资格要求”导致犯罪分子逃避刑事制裁。[2]

关于本罪的主体的界定，笔者支持第三种观点，即坚持四类卫生人员的特殊主体的同时兼顾负有特定安全保障义务的工作者。

（四）主观可责：违反医疗注意义务

我国刑法理论通说认为，过失的本质是注意义务的违反。医疗过失的研究，是立足于医疗行为内部，针对卫生人员医疗

1. 赵秉志：《新刑法教程》，中国人民大学出版社 1997 年版，第 701 页。
2. 王作富主编：《刑法分则实务研究》，中国方正出版社 2010 年版，第 1494 页。

行为时的主观心理活动的刑法评价。医疗事故罪作为过失犯罪的特殊类型，其本质在于医务人员对于法律、法规、医疗契约及医院操作常规下所涵盖的注意义务的违反，包括医疗损害结果的预见性和回避义务。违反医疗注意义务的评判，目前采用的是专科领域下的理性医师标准。需要指出的是，专家标准并不是指本领域的最富有经验的权威人物而是具有相同执业资格的普通卫生人员的一般技能。在以专家标准对特定医务人员是否违反注意义务进行判定后，还要进一步讨论行为人在行为时的特殊情况。也就是说，即使按照普通专家标准判定确实存在过失，但具体到案件情节，医务人员受当时条件所限，不可能预见或回避危害结果的发生，即不能认定过失的成立。此外，在判定是否违反注意义务时，涉及卫生人员个人特殊能力的刑法评价，即某卫生人员的特殊能力在过失判定时是否需要予以参考。如某卫生人员掌握特殊的医疗技能，在医疗活动中有能力发挥其特殊技能而仅履行了普通理性卫生人员的注意义务并导致侵害结果的实现，是否成立医疗过失问题。对此，个别理论认为，不使用自己的能力而造成了损害，应当由于其过失行为而受到惩罚，尽管同样的行为对于具有普通能力的人来说就不能被认定为过失行为。[1]就此为题，笔者认为，个别理论标准适用于医疗领域内的过失判定是不可行的。首先，某种特殊能力为某卫生人员所特有的事后证明存在困难或不可行，如罗

1. 参见［德］克劳斯·罗克辛:《德国刑法学总论》，王世洲译，法律出版社 2013 年版，第 724 页。

克辛所建立的无限向上标准下的“外科医师的世界冠军”。[1]其次，因仅遵守普通理性卫生人员的注意义务而未使用特殊能力即被认定为医疗过失，易对医疗科学探究造成阻力，少有人会为更高水平的医疗技能而钻研努力。

二、医疗过失行为在侵权责任法中的相关规定

医疗过失的民事责任主要是过失侵权责任，医疗过失行为是侵权行为的一种，也即侵害他人权利或利益之违法行为。德国民法上，侵权行为称为不许行为。法国民法称为犯罪及准犯罪，日本民法称为不法行为。侵权责任的构成要件是侵权行为人承担侵权责任的前提，只有符合一定条件，侵权行为人才能承担侵权责任。以法国为代表的采用“三要件说”，即须由损害事实、因果关系和过错三要件构成；以德国为代表的采用“四要件说”，即由损害事实、因果关系、行为的违法性和过错四要件构成。我国学者对行为的构成要件，也存在“三要件说”与“四要件说”之争，通说为“四要件说”。就医疗过失侵权责任而言，其构成要件应包括：医疗机构及医护人员的违法的医疗行为、人身损害事实、存在因果关系和主观过错（过失）。

回顾我国医疗侵权法律的立法，最早见于1986年国务院颁布实施的《医疗事故处理办法》（以下简称《办法》），《办

1. 参见［德］克劳斯·罗克辛：《德国刑法学总论》，王世洲译，法律出版社2013年版，第726页。

法》规定医疗事故是指在诊疗护理过程中，因医务人员诊疗、护理过失，直接造成病员死亡、残废、组织器官损伤导致功能障碍的事故，并进一步把医疗事故界定为责任事故和技术事故。《办法》在实施过程中，因为存在将医疗事故范围界定过窄、赔偿数额限定过低、医疗事故鉴定机构和级别规定不合理、存在法律冲突等问题，导致医患双方均不满意。国务院在2002年4月14日颁布《医疗事故处理条例》(以下简称《条例》)时，同时宣告《办法》废止。《条例》对医疗事故作出了新的界定，扩大了医疗事故的范围。医疗机构及其医务人员在医疗活动中，违反医疗卫生管理法律、行政法规、部门规章和诊疗护理规范、常规，过失造成患者人身损害的事故均属医疗事故。《条例》取消了医疗责任事故和技术事故的分类，统称为医疗事故，并将医疗事故划分为四级，对医疗事故的鉴定进行了较大幅度的改进，并进一步界定了“医疗过失行为”及免责事由。2001年最高人民法院出台了《关于确定民事侵权精神损害赔偿责任若干问题的解释》《关于民事诉讼证据的若干规定》，2003年最高人民法院出台了《关于审理人身损害赔偿案件适用法律若干问题的解释》，上述民事实体法与程序法都是医疗侵权责任的法律渊源。2010年7月1日正式施行的我国《侵权责任法》第七章规定了医疗损害责任，第54条规定：“患者在诊疗活动中受到损害，医疗机构及其医务人员有过错的，由医疗机构承担赔偿责任。”这已成为医疗侵权责任的优先适用的特别法条。

三、医疗过失刑事行为和民事行为之差异

任何违法行为只要超过一定的限度，就可能构成犯罪。医疗侵权行为与医疗过失犯罪除了法律的规范要素不同外，主要存在行为对法益侵害程度上的不同，哲学上从“量变”到“质变”区分的标志在于是否超过了“度”。绝大部分的医疗过失都未超出“度”，而刑法所调整的仅仅是程度特别严重的医疗过失行为。进言之，医疗过失侵权是刑事医疗过失的基础，医疗侵权责任法是刑事医疗过失的前置法，只是当医疗过失侵权之严重程度超越侵权法从而进入刑事领域范畴，刑法才能进行必要的规制。然而，刑事医疗过失与医疗过失侵权也有着十分明显的区别：

第一，刑事医疗过失行为与医疗侵权之行为均系违法行为，行为之性质相当而程度不同，当医疗过失侵权达到一定的社会危害性，就可能转化为犯罪行为。从目的上看，两者都是为了保护法益，但在具体法益保护上前者以社会防卫为目的，侧重于维护正义，实现惩罚与威慑，后者在于矫正正义，侧重于使受到损害的权利得以恢复。

第二，刑事医疗过失必须严格遵循罪刑法定原则，即需要符合我国《刑法》第335条有关医疗事故罪的构成要件；而医疗过失侵权之认定，主要依据侵权责任法及相关实体法的有关规定，侵权责任的构成要件，较之刑事医疗过失的成立不是十分严格，有较强的灵活性。

第三，刑事医疗过失所要求的行为人主观过错的最低标准要远远高于医疗侵权过失，进入刑事领域的医疗过失在主观过错的证明上，较之一般医疗侵权过失的标准也要严格得多，刑事被告人其证明标准必须达到排除合理怀疑的程度；医疗侵权责任的过错证明要求要低得多，甚至在欠缺主观过错的情况下，也可能会产生赔偿责任。

第四，刑事医疗过失刑罚权的发动具有国家强制力，医务人员的刑事责任不得由受害人自由免除；医疗过失侵权，有关侵权责任的承担可由当事人协商，强调当事人意思自治，受害人可以免除或要求行为人仅承担部分民事责任。医疗过失进入刑事评价，其处罚通常要比民事侵权严厉得多，直接威胁到医务人员的人身自由，而医疗过失侵权旨在对医务人员经济上的制裁，为受害人提供救济和赔偿。

第五，刑事医疗过失与民事过失侵权的规范目的不同，因此在评价时，前者应当考虑的是整体法秩序的维护以及社会整体的衡平，在民事过失方面，应当考虑过失侵权责任的“深口袋”法则，也就是谁对于风险的掌控能力、承担能力较大，谁就应当承担填补责任，考虑的是当事人双方之间的平衡。

四、医疗过失刑事行为之要件——“严重不负责任”

刑事过失与侵权过失法律规范的重心不同，但在概念上两者并无差异。刑事领域，一直以来故意与过失有着广泛的研究和讨论，界限分明、理论丰富。而民事过失，侧重于对损害法益的救济，缺乏相应的研究。笔者认为，既然过失的本质都是对客观注意义务的违反，只是程度上的差异，那么刑事过失与民事过失的定义可以是一样的，关键是在司法认定中，应有所区别。刑事医疗过失的认定应该更加严格，而民事医疗过失应该从宽。台湾地区学者陈忠五认为，这实际上是涉及注意义务高低的拿捏，概念本身并没有那么重要。因而医疗过失的刑民边界主观罪过认定的关键，还是要厘清刑法关于医疗过失类型化的内涵。

我国《刑法》第335条关于医务人员主观罪过的内容，主要是“严重不负责任”之要件。然何谓“严重不负责任”？这一要件究竟是主观判断还是客观判断？学界和司法实务界很难形成共识。纵观我国现行刑法出现“严重不负责任”的字样共13处，涉及13个罪的构成，这一用语由于缺乏明确内涵，与刑法明确性原则相悖，实践中无法操作，因而广为学界和实务界诟病。就医疗事故罪而言，关于“严重不负责任”之性质就有如下不同的见解：

第一，主观要件说。有学者认为，“严重不负责任”是对行为人心理态度的描述，这种应该受到刑法否定和个人过失心理态度属主观要件。如果这一说法成立，“严重不负责任”只能由过失构成，但实践中我们无法排除最本质、最极端的严重不负责任的表现形式——故意不尽职责，并放任危害后果的发生。因此，间接故意在“严重不负责任”的主观形态中是能够成立的。而且，从整个现行刑法体系来看，在《刑法》第304

条故意延误投递罪中，也用了邮政人员“严重不负责任”之描述，因此，我们可以看出“严重不负责任”实际上包含了过失、故意主观心态。因此，在医疗事故罪作为过失犯罪的唯一性前提下，我们可以排除“严重不负责任”系主观要件的基本判断。[1]

第二，客观要件说。有学者认为，“严重不负责任”是法律逻辑结构中的事实构成，也是一种事实状态的客观描述，而事实是客观的。因此，医务人员的“严重不负责任”是医疗事故罪的客观要素。

第三，折中说。持该观点的学者认为，“严重不负责任”是主客观要件的统一，它既是该罪构成的客观要件，又是主观要件。即“严重不负责任”是主观上有过失，客观上有严重违反规章制度和诊疗护理常规的失职行为。

笔者同意客观要件说。“严重不负责任”在该罪中的地位相当于大陆法系中“严重违反注意义务”，也即严重违反客观注意义务的过失的实行行为，行为的外在表现必然是客观的。人的任何行为都是主观见之于客观的表现。犯罪行为亦是。必须承认法条对于“严重不负责任”的描述，形式上是对行为人心理状态的表述，事实上所谓“严重不负责任”，必然是主观见之于客观的外在表现，具体对“严重不负责任”的判断，需要通过一系列客观外在的行为加以判断。此外，我国医疗事故

1. 李兰英、雷堂：《论严重不负责任》，《河北师范大学学报（哲学社会科学版）》2000 年第 4 期。

罪中的“严重不负责任”也是导致就诊人损害的原因，原因应该是客观的。医疗事故罪中的“严重不负责任”，作为一个主观与客观相统一的法律概念，是行为人主观内心活动见之于外在客观的表现。刑事法律责任追究是一种事后的制裁，必然以客观行为为根据。故医务人员“严重不负责任”的过失心态是其构成犯罪的主观方面表现，应当坚持“客观要件说”。具体体现在医疗活动中，医务人员有其应当承担的注意义务，常见于医疗法规及医疗常规所规定的注意义务。前者来源于各项医疗卫生法规所规定的注意义务，后者如药物皮试、无菌观念、止血彻底等医疗常规要求的注意义务。

2008年6月25日，最高人民检察院联合公安部颁发的《关于公安机关管辖的刑事案件立案追诉标准的规定（一）》第56条规定《刑法》第335条医疗事故罪中“具有下列情形之一的，属于本条规定的‘严重不负责任’：第一，擅离职守的。第二，无正当理由拒绝对危急就诊人实行必要的医疗救治的。第三，未经批准擅自开展试验性医疗的。第四，严重违反查对、复核制度的。第五，使用未经批准使用的药品、消毒药剂、医疗器械的。第六，严重违反国家法律法规及有明确规定的诊疗技术规范、常规的。第七，其他严重不负责任的情形”。从司法解释的规定看，也符合客观要件说的特点，即都集中于客观事实的描述和对客观注意义务的违反。这一司法解释一定程度上填补了刑事医疗过失立案没有标准的问题，但该解释的“严重不负责任”的范围过于狭窄。其中第五项“未经批准开展实验性医疗”也已超过医疗事故罪之调整范畴。第六项“严重违反国家法律法规及有明确规定的诊疗技术规范、常规的”即为医疗过失的主要样态。

第四节　医疗过失行为的刑民衔接

在两法衔接实践中，行为认定主要体现为对违法行为与犯罪行为的民事认定和刑事认定。前文在大量实证调研的基础上，分析了当前两法衔接实践中行为认定上存在的问题和不足。本节主要探索性地提出民事违法与刑事违法在两法衔接行为认定中的区分标准，以期为解决两法衔接在行为认定上的难题提供思路和建议。

一、细化刑民医疗过失的程度分级

民法讨论过错的意义在于弥补损害，注重从违反注意义务的角度划分过失，并不要求行为人必须要意识到危险的具体存在，只要未尽到注意义务，当出现损害结果时，即需要承担民事责任。刑法注重从有无预见后果来区分过失类别。后果是实际发生的侵害法益的危险，而危险则是由违背注意义务引起的，行为人主观上不注意态度越严重，预见损害发生和回避结果发生越容易，引起的危险越大，过失的程度就越大，也越能接近入刑的标准。因此以行为人有无认识到实质性的危险以及实质性的危险是否属于刑法构成要件范围内的危险为切入点，将过失程度做轻重分级，可以将刑法上的过失与民法上的过失衔接起来。

因此，可以从行为人有无认识到实质性危险而言，将过失分为有认识的过失和无认识的过失以确定其程度轻重，有认识的医疗过失指行为人认识到自己的医疗行为可能产生具体的风险。英国刑法就根据行为人所意识到并产生的危险大小将过失分为两种不同程度的轻率，其中一种轻率接近重大过失。它要求产生的危险必须是明显且严重的危险。医疗过程中的危险按照大小程度包括本身就会产生的危险、一般性的尚可以控制的危险、具体的实质性的危险。危险系数增加时，行为人在认识上的懈怠就越严重，入刑的事由就越充分。比如，被告医生针对患者术后血液中钾浓度偏低、病态严重的情况，通过经鼻导管向胃中投入了40毫克的盐化钾，因未吸收，又迅速静注同量的同种药剂，由于短时间内高浓度注射量而导致患者死亡。经查证，护士提醒被告医生，如果一次注射量过大，注射速度过快会有危险，并告诉其医院规定的盐化钾注射量的上限，在这种情况下，被告医生对危险情况没有采取预防措施。法院认为，被告人的行为“欠缺相当的注意和谨慎”，应对其医务人员追究刑事责任。

无认识的过失包括因职责上的疏忽、能力上缺陷没有认识到可能产生的实质性危险。职责上的疏忽包括没有履行全部职责、仅履行部分职责、超越自己职责范围等工作上的疏忽。能力上缺陷所致的过失包括因医务人员专业技术、医疗设备、当前医学界认识局限等客观因素所致的主观上的过失，对于无认识的过失，一般宜从民法上予以苛责。

比如原告张某（女，46 岁）在家劈柴时不慎致伤右眼，随即到当地医院治疗，诊断为“右眼角膜穿通伤，右眼球内异物”。次日到被告处治疗，被告为原告做 B 超检查后认为，原告右眼玻璃体内有血块，右眼白内障。当日在局部麻醉下行右眼角膜修补术，前房冲洗术。6 天后，又行晶状体囊外摘除术。住院期间经多次查房及 B 超检查，均未发现右眼内异物，治疗 16 天后出院。出院后原告仍感右眼疼痛不适，遂到被告处复诊，但无明确诊断。在治疗无效果的情况下，原告到多家医院诊治，发现右眼球内仍有残存，接受了右眼玻璃体切割术和眼内异物取出术。出院后，原告以被告具有过错为由向法院起诉，要求被告赔偿医疗费、残疾人赔偿金、精神损害抚慰金等合计 69902 元。法院根据上述事实和理由认为，本案原告在被告处接受检查时，首诊医师即以眼球内异物不能排除而让原告住院治疗，被告应当在自己医疗设备及技术水平范围内对原告尽到注意义务，而被告仅给予 B 超检查，并未给予 X 线摄片或 CT 检查是不符合诊疗常规的。何况 B 超图像已能提示眼球内异物不能摘除，而被告仅作右眼玻璃体混浊的不正确、不全面的诊断结论，从而导致异物漏诊。显然，被告存在怠于履行高度注意义务和疏于高度注意的过错，对该过错应承担责任。依照《民法通则》的相关规定给予相应的赔偿。

二、回归过失判断本身来确定医疗过失的程度

医疗过失的判断标准还应在遵循过失判断的法理基础上，关注医疗行业的特殊性，明确过失程度的大小，从而使得刑法上判断医疗过失有个清晰的框架。有无遵从医疗行业标准或者惯例一直是判断医生有无过失的一个重要标准，但如果直接从有无违反医疗行业标准进行判断，对某些过失的大小程度以及包含其他因素的判断就会存在偏差，不利于真正探究行为人内心的过错状态，从而难以准确判断应是从刑法上还是从民法上对行为人进行苛责。

譬如这样一个案例，原告患有肺结核，但会诊的内科医师和外科医师都认为患者得的可能是何杰金氏病、癌症或结节病，在没有等待痰检结果的情况下，医师实施了纵隔腔内视镜检查进行活检，但该检查即使是在正确操作的情况下也可能存在左喉循环神经损害的固有风险，并且最终导致了患者左声带严重受损的发声障碍。在这个案例中，法院就认为按照当时的检查水平，医师已经履行了检查时正确的操作规则以及注意义务，不存在过失。法院的错误就是直接从医疗行业标准规范入手来确定行为人有无过失，而没有先以过失的基本内涵为前提审视这个问题。其实，尽管医师在操作上是符合当时医疗行业标准的，但无论如何，一个操作规范的医师都知道实施纵隔腔内视镜检查进行活检存在固有的风险，那也就意味着医师对于将要发生的损害结果是明知的，在这种情况下，医师如果继续

采取这种检查方法，其是否考虑过活检的即时性和必要性，是否有更好的措施代替活检对患者的病因进行筛查确定。其次是医师采取该项措施时是否同时采取了相应的减小固有风险的补救措施？是否对该项检查存在的固有风险向患者履行了告知义务？如果医师在履行该项检查时都没有尽到上述的义务，那么其主观上违反了结果回避义务，属于主动使自己陷入可能造成他人损害后果的危险之中，具有重大过失，单从主观上说显然符合应受到刑法上苛责的程度，当然具体到责任上还应结合结果判断。法院在认定医师是否存在重大过失时只考虑是否违反了行业标准规范，这就难免会忽略了过失认定中最本质和核心的内涵。

三、发挥“诊疗管理规范说”对过失轻重程度判断的辅助作用

“诊疗管理规范说”以违反医疗法律法规规章制度作为判断医疗过失的标准，尽管被认为是以客观标准推测主观心理状态有所不妥，但诊疗管理规范说能够在司法实践上为判断行为人的过失轻重程度提供帮助。医疗卫生管理法律法规、部门规章和诊疗护理规范、医疗常规以及医学文献上记载的规定和常理都能够成为注意义务的来源，这其中既包括基本的操作规则，也包括对医师的技能具有较高要求的特定领域的规则。规则的内容决定了遵循来源于这些规则的注意义务的难易程度，从而可以推断出行为人违反这些规则时心态的可谴责性大小。

譬如外科医生在实施麻醉手术之前并未向患者交代禁食的医嘱或者未确认患者是否执行禁食，在全身麻醉的情况下，患者就可能出现将胃内容物吸入气管导致窒息死亡的危险。这种对于注意义务的违反，是对基本义务的违反，显然具有相当大的危险性。再譬如我国台湾地区曾经有这样一个案例，一位患者患机械性肠梗阻且肝功能不正常，医生对其进行手术治疗以切除其阑尾和美克甜心室，但患者手术后始终意识不清，后因猛爆性肝炎而引发肝衰竭死亡，法院在审理时即认为患者所患粪便引起之肠梗阻，完全可以由内科以药物治疗，手术治疗并非治疗肠梗阻之唯一必要选择，且手术时就已经发现病人肝部有问题，其完全可以停止手术代以药物治疗，[1]本案医生对手术的必要性以及药物治疗与手术治疗的最佳选择之间存在认识错误，但是撇开患者死亡的结果，最佳选择的情形考虑的是医师是否良好地履行了最善的临床经验规则。与一般的基础医学不同，临床医学关注一切疾病在活体上的表现及其变化规律，医生对临床医学知识的正确运用不仅在于遵循书面的医疗规则，更多的是把握好建立在长期临床诊疗实践和娴熟技能上的经验规则。因此，遵守最基本的医疗规范以及书面规定是对医生的基本要求，而恪守经验法则对医师提出了更高的要求，于是违反源于经验法则的注意义务行为人内心的可谴责性要小于违反医疗基本规则时内心的懈怠。

1. 臧冬斌：《医疗犯罪比较研究》，中国人民公安大学出版社 2005 年版，第 156 页。

第三章　医疗损害两法衔接的损害事实研究

第一节　医疗损害事实的概述

临床医学的复杂性超出一般之想象，医疗的风险除了来源于疾病本身的风险外，尚有医疗行为的风险。医师所能预见或避免的风险，也只基于医务人员的知识、经验与技能对医疗行为的注意、疾病的预后、医疗过程中的应急处理等，但因患者或疾病之特殊情形产生的风险，仍有诸多方面不为现代医学所能掌控，因而出现医患双方所不想见到的损害事实也是常有的事。

一、刑民两法中损害事实的规定

刑事医疗过失系结果犯，对刑事医疗过失行为刑事责任的评价除了接受构成要件检验外，还需要造成《刑法》第335条所规定的造成“就诊人死亡或严重损害就诊人身体健康”的危害结果，未造成这一危害结果是排除医疗过失刑事责任的重要依据。当然，造成《刑法》第335条所规定之危害结果，也未必就应当承担刑事责任。

医疗侵权责任是事后法，不提前干预行为人的行为，必须发生损害事实才能将行为评价为侵权，而侵权责任法对损害事实的程度并无特别之要求，造成就诊人死亡或者重伤，甚至是轻微伤害都有可能属于民事责任承担之范围。因而厘清刑事医疗过失损害事实的边界，才是关键所在。

“严重损害就诊人身体健康”作为医疗事故罪的客观要件之一，对认定医疗事故罪与非罪产生了重要影响。但是当前的立法和司法解释对“严重损害就诊人身体健康”都没有作具体的解释和规定，致使司法实践中关于此问题的认定存在诸多问题，造成了卫生监督案件的移送和司法实践具体操作的紊乱。如何界定严重损害就诊人身体健康的范围，实际上反映了我国对医疗事故犯罪采取什么样的政策，是扩大打击面还是尽量缩小打击面。确定打击面的大小，既要考虑我国的医疗水平现状，又要考虑到医务工作的特殊性，还要照顾到我国的刑法传统。

二、“严重损害就诊人身体健康”的含义

通过查阅《刑法修改草案》发现，草案初期曾规定医疗事故罪的法定后果之一为造成病员重伤，但到后期又将重伤修改为严重损害就诊人身体健康。之所以在医疗事故罪的法定后果中没有采用重伤这一概念，笔者认为与立法人解决医疗事故仍侧重民事赔偿为主，以刑事处罚为例外的指导思想密切相关。从我国医疗事业的现状来看，医疗事故的发生率还比较高。在

这种情况下，若单采用刑事制裁的方式惩罚医务人员，不利于医务人员主动性、积极性、探索性的提高，从长远看则不利于我国医疗事业的发展。此外，从损害赔偿的角度看，受害者及其家属更需要的是经济上的补偿，保证其能接受补救性的治疗或者保障今后的生活，而不是让罪犯受到刑事处罚为基础的心理慰藉。因此，民事赔偿仍应是解决医疗纠纷的主要手段。

对“严重损害就诊人身体健康”一词的理解关键在于：一是要了解医疗事故罪的立法本意；二是要明确对医疗事故罪采取何种立法精神。首先，立法者设置本罪时所采用的是对医务人员的制裁面不宜过大的原则，医疗事故罪的立法意义在于预防和减少医疗事故的发生，其立法对于医务人员严格依法开展医疗活动有着积极的预防和警示作用。所以我们应当充分考虑到，在医疗活动中直接威胁病人的不是医学科学技术和医务人员的诊疗行为，而是病人本身的疾病以及未能被认知的领域。应当避免医务人员为远离犯罪的边缘而谨小慎微和只求治疗中的安全系数而舍弃有利于抢救或治疗的新技术、新疗法。医疗事故罪立法的最终目的不仅是为了有效维护患者的生命权、健康权，以体现刑事法律对患者人权的保障，也应是为了促进医疗卫生事业的发展和医学科学技术水平的提高，以体现法律对医学科学事业的有效保障。因此，实践中应该缩小刑事法律惩处面，鼓励医务人员积极开展新技术、新疗法，以促进医疗机构的内部管理与自身发展。

第二节　医疗损害事实的实证研究

一、医疗损害刑事案件损害事实的调查结果

国内学者对医疗损害刑事案件进行了非常系统的研究，通过分类和检索关键词的方法，时间限定在1997年10月1日至2013年9月30日，共检索到有效的医疗事故罪的裁判文书和媒体案例40起（三大法律网站的案例数据库中有部分案例重叠）。从样本案例中，除去9例未进行医疗事故鉴定，其余31例均进行医疗事故鉴定或司法鉴定，鉴定结果为一级医疗事故的有28起（70.0%），其中一级甲等医疗事故19起（47.5%）、一级乙等医疗事故（含责任和技术）4起（10.0%）、一级丙等医疗责任事故5起（12.5%）；鉴定结果为二级医疗事故的有2起（5%），其中二级医疗技术事故1起（2.5%）、二级丁等医疗事故1起（2.5%）；鉴定结果为三级乙等医疗事故的1起（2.5%）。其中77.5%的案例进行了医疗事故鉴定，但仍有22.5%未进行鉴定。[1]具体见下表。

自2014年1月1日起各级人民法院生效裁判文书需在中国裁判文书网上进行公布，笔者通过中国裁判文书网“高级检索”，关键词输入“医疗事故”、案由“医疗事故”、案件类型

1. 谈在祥：《我国刑事医疗过失犯罪判决的实证研究》，《证据科学》2014年第3期。

事故鉴定	例数	百分比（%）
一级医疗事故	28	70.0
二级医疗事故	2	5.0
三级医疗事故	1	2.5
未鉴定	9	22.5
总　计	40	100.0

“刑事案件”，裁判时间从“2014年1月1日”至“2015年6月30日”，共搜寻到一审刑事判决书8个（涉及9名医护人员），从8起医疗事故罪案件的情况看，除对1名被害人造成颅脑损伤、脑瘫的严重后果外，其余7名被害人均死亡。

二、医疗损害刑事案件损害事实的特点

2002年4月国务院颁布的《医疗事故处理条例》和卫生部随之配套的鉴定制度《医疗事故分级标准（试行）》，对医疗事故不再区分性质而是仅区分等级，将医疗事故分为4级10等。根据我国2002年颁布的标准规定：一级甲等医疗事故须造成就诊人死亡的结果，一级乙等医疗事故须造成就诊人重要器官缺失或功能完全丧失，其他器官不能代偿，存在特殊医疗依赖，生活完全不能自理。二级医疗事故系指造成患者中度残疾、器官组织损伤导致严重功能障碍。

从以上实证结果表明，损害事实除就诊人死亡外，一级医疗事故、二级医疗事故在就诊人的损伤中占75%以上，少数

造成就诊人三级医疗事故的损伤。对就诊人造成损害结果符合《刑法》第335条所要求的造成“就诊人死亡”或“严重损害就诊人健康”的危害结果。

第三节 “严重损害就诊人身体健康”的认定

在医疗损害中损害事实的民事案件范围比较广，并无特别的要求，造成就诊人死亡或者重伤，或者轻微伤都属于民事责任的范畴。“严重损害就诊人身体健康”是医疗事故罪中客观要件之一，对认定罪与非罪产生了重要的影响。但当前立法和司法解释对“严重损害就诊人身体健康”都没有作出具体的解释和规定。因此，我们在这里主要研究和讨论的是刑事医疗损害事实中“严重损害就诊人身体健康”的边界问题，关于严重损害就诊人身体健康的结果判断标准由于法律法规没有明确规定而导致理论界与司法实务中关于损害结果的认定存在千差万别。认定标准主要有医学标准、刑法标准以及事故参与度标准，下面将逐一介绍各类标准。

一、医学标准说

关于判断医疗事故罪严重损害就诊人身体健康的标准从医学标准的角度主要分为两个大的阶段，分别由国务院和卫生部制定的标准构成。第一阶段是1987—1988年，由国务院颁布的《医疗事故处理办法》以及卫生部颁布的《医疗事故分级标准（试行）》组成；第二阶段是2002年由国务院颁布的《医疗事故处理条例》以及卫生部颁布的《医疗事故分级标准（试行）》组成。[1]

1987年由国务院颁布的《医疗事故处理办法》将医疗事故分为三级：一级医疗事故是指造成病员死亡，二级医疗事故是指造成病员严重残废或者严重功能障碍，三级医疗事故是指造成病员残废或者功能障碍。卫生部于1988年颁布《医疗事故分级标准（试行）》，对《医疗事故处理办法》规定的医疗事故等级进行细化和补充，确立了“三级五等”的标准，即一级甲等、二级甲等、二级乙等、三级甲等、三级乙等医疗事故。其实质是将“体腔或组织深部遗留纱布、器械，需重新实施手术的”和“开错手术病人、手术部位或脏器，造成组织、器官较大创伤的”这两类在《医疗事故处理办法》中没有纳入医疗事故的情形纳入医疗事故的范围之内。

2002年2月国务院颁布了《医疗事故处理条例》，该条例是对1987年颁布的《医疗事故处理办法》的全面升级和改造。条例第4条将医疗事故分为四级：造成患者死亡、重度残疾的是一级医疗事故；造成患者中度残疾、器官组织损伤导致严重功能障碍的是二级医疗事故；造成患者轻度残疾、器官组织损伤导致一般功能障碍的是三级医疗事故；造成患者明显人

1. 樊凤林、周其华、陈兴良主编：《中国新刑法理论研究》，人民法院出版社1997年版，第779页。

身损害的其他后果的是四级医疗事故。同年7月卫生部颁布了《医疗事故分级标准（试行）》，它将医疗事故分为“四级十二等”。其中，一级医疗事故分为甲等和乙等是指造成患者死亡、重度残疾的情况；二级医疗事故分为甲、乙、丙、丁四等是指造成患者重度残疾、器官组织损伤导致严重功能障碍的情况；三级医疗事故分为甲、乙、丙、丁、戊五等是指造成患者轻度残疾、器官组织损伤导致一般功能障碍的情况；四级医疗事故是指造成患者明显人身损害的其他后果的医疗事故。该标准共列举了237种具体的医疗事故。

二、刑法标准说

所谓刑法标准就是指以1990年3月29日最高人民法院、最高人民检察院、司法部、公安部联合发布的《人体重伤鉴定标准》为标准。采取该标准意味着医疗事故致人伤残的程度达到《人体重伤鉴定标准》者，即构成医疗事故罪。该标准指出重伤是指使人肢体残废、毁人容貌、丧失听觉、丧失视觉、丧失其他器官功能或者其他对于人身健康有重大伤害的损伤。同时还列举了肢体残废、毁人容貌、丧失听觉、丧失视觉、丧失其他器官功能的具体情况。

很多正当的医疗行为其手段的外在表现就符合人体重伤标准中的“重伤”的认定。因此，对于医疗损害的结果而言，应该是医疗行为给患者带来的利益与损害结果之间的一种价值平衡，从客观归责的角度，须考察该医疗行为有无制造法所不容许的风险或实现损害，是有利于疾病的康复还是加剧疾病的恶化，因而对医疗行为的损害结果应该是一个综合性的判断。随着2014年1月1日《人体损伤程度鉴定标准》(以下简称《标准》)的正式施行，应以《标准》作为医疗事故罪“严重损害就诊人身体健康”的认定标准。因为《标准》明确规定：“本标准适用于《中华人民共和国刑法》及其他法律、法规所涉及的人体损伤程度鉴定。”该标准覆盖了轻微伤、轻伤和重伤，形成了“三级六等”的损伤程度鉴定，分级细化便于量化操作，能够比较全面地反映因医疗行为造成的伤害；该《标准》也厘清了原发性损伤与并发症损伤在损伤程度鉴定中的作用。笔者认为，考虑到刑事医疗过失应当严守谦抑性原则，故应当将“严重损害就诊人身体健康”限定在《标准》的“重伤一级”与“重伤二级”。

通过鉴定被害人损伤程度来对行为人的行为定性，进而判定行为人是否构成犯罪、构成何种犯罪以及如何适用刑罚等。《人体重伤鉴定标准》是经过多年实践而修订的标准，并且有专业的技术人员在具体操作中使用，足以见得其具有高度可操作性、概括性以及实用性。

医疗事故罪是刑法规定的一种犯罪行为。对于危害结果这样的客观事实需要通过刑法意义上的评价才能具有刑事价值，否则将归于民事或者行政诉讼的范畴。

如上文提及我国刑法共有三处出现了“严重损害就诊人身体健康”：一是第335条的医疗事故罪；二是第336条第1款

的非法行医罪；三是第336条第2款的非法进行节育手术罪。并且《医疗事故处理条例》第61条明确指出非法行医造成人身损害的不属于医疗事故。也就是说非法行医罪的“严重损害就诊人身体健康”不能以医学标准判断，只能按照刑法上的重伤来确定。如果医疗事故罪中的“严重损害就诊人身体健康”以医学标准来判定，就必然出现刑法不同条文中同一语调内涵不一致的矛盾。[1]

医疗事故罪作为一种过失犯罪，应与刑法规定的其他犯罪界限一致。我国刑法对于过失造成人身伤害的相关罪名都是以损害结果是否达到重伤作为判断标准，例如失火罪、过失爆炸罪等。如果在认定医疗事故罪的结果要件时使用刑法“重伤”判断标准就与其他过失犯罪结果认定标准保持了一致性。同样是业务过失致人伤害的罪名，如交通肇事罪、重大责任事故罪等犯罪也是采取了被害人受伤程度达到重伤的标准作为犯罪成立的要件之一。从外国立法例来看，过失犯罪与业务过失犯罪一般规定在同一条内，不存在适用两个后果标准的问题。

三、事故参与度标准

部分学者选择将事故参与度标准与医学标准或者刑法标准结合作为判断“严重损害就诊人身体健康”的标准。

第一种主张：将事故参与度标准与刑法标准相结合，理解

1. 李建光：《医疗行为责任立法研究》，中南大学出版社2006年版，第186页。

为将“严重损害就诊人身体健康”的判断标准建立在《人体重伤鉴定标准》和医疗过错参与度相结合的基础上。即当医疗过错参与度超过75%以上且符合《人体重伤鉴定标准》，就可以构成医疗事故罪并且立案侦查。因为《人体重伤鉴定标准》是以我国《刑法》第95条所规定的内容为基础制定的，并且经过了多年实际运用与检验，可以认为是符合刑事法律审判实践的要求的。[1]

第二种主张：将事故参与度标准与医学标准相结合。此处所说的医学标准是指国务院制定的《医疗事故处理条例》和卫生部制定的《医疗事故分级标准》所确立的一级乙等和二级、三级医疗事故。当符合上述等级且事故参与度在50%以上的时候，可以认定为医疗事故罪所要求的严重损害就诊人身体健康的结果。

第三种主张：兼顾了医学标准与刑法标准，并且将它们与事故参与度标准结合在一起。部分学者认为，在界定“严重损害就诊人身体健康”时应该以卫生部门制定的医疗事故分级等级为基础，兼顾司法机关制定的人体伤害鉴定标准，同时适当考虑事故参与度标准。还有部分学者甚至更明确地提出“凡属于《医疗事故处理条例》中所规定的三级以上医疗事故，同时又达到《人体重伤鉴定标准》所确定的重伤程度，且医疗过失参与度在75%以上的，可以认定为严重损害就诊人身体健康”。

1. 朱吉鹏:《论医疗事故罪》，中国政法大学2012年硕士学位论文。

最高人民法院曾经拟定《损伤参与度评定标准》，但最终未予颁行实施。这件事可以从侧面反映出事故参与度这一概念在医疗事故领域不具可行性的事实。具体分析理由如下：首先，事故参与度这一概念来自交通事故领域，但医疗事故与交通事故发生的原因并不相同。因为在绝大多数的情况下发生交通事故并不完全是某一方的责任，其他责任人或被害人很有可能也有过错，因此在交通事故认定时考虑事故参与度是合适的。但是在医疗事故中，造成就诊人死亡或者严重损害就诊人身体健康的结果是由医务人员的作为或不作为造成的，并不存在由医务人员和病人来分担这种结果责任的情况。其次，根据医疗事故参与度的概念，其表现的是导致发生危害结果的原因力大小，而不是是否发生了“严重损害就诊人身体健康”的结果。因此，在认定“严重损害就诊人身体健康”时如果适用事故参与度标准，就混淆了原因与结果这两个根本不同的概念。根据上述两点笔者认为在医疗事故罪中并不适宜引入事故参与度这一标准。

第四节　医疗损害事实的两法衔接

由于如何界定“严重损害就诊人身体健康”涉及医疗事故罪的罪与非罪，而刑法的规定过于笼统，使得“严重损害就诊人身体健康”没有明确的界定依据，从而直接影响到司法实践对医疗事故罪的判断，因此，司法部门应当本着不扩大医疗事故罪刑事惩罚这一原则，就“严重损害就诊人身体健康”这一法律用语作出限制性的、科学合理的司法解释。《人体损伤程度鉴定标准》已经使用多年，其在司法实践活动中的科学性和权威性都已得到检验，而以它为模本制定的标准会更易被人们掌握和使用。因此，司法部门可以在医疗事故分级标准的基础上进一步制定与刑法相衔接的条文，明确指出其中哪些等级的医疗事故属于“严重损害就诊人身体健康”的情形，哪些不属于该情形，以切实保护患者及医护人员的合法权益，促进医疗机构及其医务人员提高医疗质量和服务水平，使我国医疗卫生事业快速、稳步发展。

笔者认为，“严重损害就诊人身体健康”在内涵上应当与重伤基本保持一致，在形式上应当采取医学标准。即，通过抽象地比较医疗事故等级和人体重伤鉴定标准，在达到一定等级的医疗事故中，凡是医疗损害经鉴定相当于重伤程度的，就构成“严重损害就诊人身体健康”。然而，“严重”不限于结果的严重性，还应当包括行为的严重性，即行为造成了多人（通常是 3 人以上）相对较轻的伤害，也属于“严重损害就诊人身体健康”。

一、“严重损害就诊人身体健康”主要以“重伤”为实质标准

如果对“严重损害就诊人身体健康”进行体系解释和语义

解释，那么，其内涵应当与“重伤”基本保持一致。首先，我国刑法中的伤害分为轻微伤、轻伤和重伤三个等级，轻伤是故意伤害罪的成立标准，重伤是过失伤害罪的成立标准。医疗过失是过失犯的一种类型，具有比普通过失更高的风险性，医疗过失的入罪标准应当是更高的，对其损害结果的要求应当等同于或者略高于普通过失伤害罪。因此，“严重损害就诊人身体健康”应当达到甚或高于重伤的标准。其次，在文字的一般意义上，“严重损害就诊人身体健康”通常被理解为程度较重的伤害。

此外，“严重损害就诊人身体健康”的程度相当但不限于重伤，还与行为所涉及的对象范围有关，即，不仅应当考虑损害后果的严重性，还需要考虑行为性质本身的严重性。虽然行为对每一名患者造成的损害都略低于重伤，但是，导致多名患者遭受这样的损害，该行为也属于“严重地”损害了就诊人的身体健康。

二、“严重损害就诊人身体健康”以医疗事故等级为形式标准

尽管“严重损害就诊人身体健康”与重伤具有基本一致的内涵，但是，根据刑法体系的文字表述，无法直接以重伤（及其鉴定标准）取代“严重损害就诊人身体健康”，基于鉴定机制和诉讼体制的考虑，也不宜采用医学和法学的双重标准。

首先，“重伤”和“严重损害就诊人身体健康”是我国刑

法关于人身损害的不同表述。在我国刑法中，涉及人身损害的术语有“伤害”(例如《刑法》第234条故意伤害罪)、“伤残”(例如《刑法》第247条刑讯逼供罪的加重结果)、“伤亡”(例如《刑法》第134条生产、作业重大责任事故罪)、“重伤”(《刑法》第235条过失致人重伤罪)、“严重损害就诊人身体健康”(《刑法》第335条和第336条规定的医疗犯罪)。在刑法修改的过程中，曾经有草案在医疗事故罪的罪刑规范中使用了“重伤”的表述，但是，1997年刑法最终还是将医疗事故罪的损害后果之一规定为“严重损害就诊人身体健康”。可见，立法者有意识地区分了“重伤”和“严重损害就诊人身体健康”，当然，这也与医疗事故的刑事责任最早出自规定医疗事故等级的行政法规有关。[1]因此，直接以重伤的司法鉴定标准判断“严重损害就诊人身体健康”欠缺法律根据，有学者提出了以“重伤”取代“严重损害就诊人身体健康”的立法建议，[2]这样的提议其实忽视了立法的经纬。

其次，如果采用医疗事故等级和重伤的双重标准，可能导致多重鉴定从而浪费诉讼资源。双重标准说尽管具有更严密的理论逻辑，却欠缺现实的可操作性。虽然实务界并不认为医疗专业技术鉴定是解决医疗纠纷的必经程序，但也都普遍认可专

1. 卢建平等:《论医疗事故罪中“严重损害就诊人身体健康”之认定》,《湖南社会科学》2003年第2期。
2. 谭晓莉:《论医疗犯罪中的“严重损害就诊人身体健康”》,《中国卫生法制》2008年第1期。

业技术鉴定能够发挥重要的作用。[1]如果采用双重标准说，在医疗专业技术鉴定之外单独就损害结果再作个重伤鉴定，无疑会增加诉讼成本和拖延审理时间。前述司法标准说其实也面临同样的问题：即使按照《人体重伤鉴定标准》单独鉴定了损害结果，也还需要对医疗过失程度、事故参与度等问题进行医疗专业技术鉴定。

因此，使“严重损害就诊人身体健康”主要蕴涵重伤的实质，不是个案审判的任务，而是应当预先完成能够被普遍适用的必要转换。简单说来，就是以“重伤”为中介，沟通“严重损害就诊人身体健康”和“医疗事故等级”，通过比较《人体重伤鉴定标准》和《医疗事故分级标准》，将造成大致相当于重伤的一定等级的医疗损害，以及造成多人相对较低等级的医疗损害界定为“严重损害就诊人身体健康”，使得一定等级的医疗事故成为确定医疗犯罪损害后果的唯一标准。有学者比较了《医疗事故处理条例》《医疗事故分级标准》和《人体重伤鉴定标准》，主张将《医疗事故处理条例》规定的一级医疗事故中的“重度残疾”、二级医疗事故中的“中度残疾、器官组织损伤导致严重功能障碍”、“导致三人以上人身伤害后果”认定为“严重损害就诊人身体健康”；[2]或者，将“严重损害就诊人

1. 邢学毅编著：《医疗纠纷处理现状分析报告》，中国人民公安大学出版社 2008 年版，第 39 页。
2. 罗长斌：《关于医疗事故罪认定中有关问题的探讨》，《医学与社会》2002 年第 4 期。

身体健康”理解为一级、二级、三级甲等医疗事故所导致的损害以及导致三人以上人身伤害。[1]笔者认为，医疗事故等级标准和重伤鉴定标准不是完全一致的，《医疗事故分级标准》列举的各类情形广于《人体重伤鉴定标准》，应当坚持“严重损害就诊人身体健康”等同于或者高于“重伤”的基本原则，明确可能构成犯罪的医疗事故的等级。根据我国立法和司法的运作机制，可以以司法解释的形式规定：达到一定等级以上的医疗事故，即属于“严重损害就诊人身体健康”。

如前所述，我国刑法中三个典型的医疗犯罪以“严重损害就诊人身体健康”作为犯罪成立条件或者刑罚加重条件。在一部法律的同类条文之间，同一术语应当具有相同的含义，然而，如果医疗事故罪和非法行医罪都采取医学标准的话，将面临一个需要克服的障碍：非法行医不属于医疗事故鉴定的范畴，[2]这也是反对医学标准的观点所提出的最有力的理由。[3]这一难题最终由司法解释来克服。最高人民法院 2008 年 4 月 29 日发布的《关于审理非法行医刑事案件具体应用法律若干问题的解释》（法释〔2008〕5 号）第 3 条规定：“具有下列情形之

1. 孙红卫：《对医疗事故罪中的“严重损害就诊人身体健康”的探讨》，《浙江工商大学学报》2004 年第 4 期。
2.《医疗事故技术鉴定暂行办法》第 13 条规定了医学会不予受理医疗事故技术鉴定的几种情形，其中，第 5 项是“非法行医造成患者身体健康损害的”。
3. 谭晓莉：《论医疗犯罪中的“严重损害就诊人身体健康”》，《中国卫生法制》2008 年第 1 期。事实上，坚持医学标准说的观点大多将讨论仅限于医疗事故罪，有意或者无意地忽略了非法行医罪。

一的，应认定为刑法第三百三十六条第一款规定的‘严重损害就诊人身体健康’：（一）造成就诊人中度以上残疾、器官组织损伤导致严重功能障碍的；（二）造成三名以上就诊人轻度残疾、器官组织损伤导致一般功能障碍的。”该解释第5条特别说明了，“轻度残疾、器官组织损伤导致一般功能障碍”、“中度以上残疾、器官组织损伤导致严重功能障碍”，应当参照卫生部《医疗事故分级标准（试行）》来认定。该解释没有说明损害应当构成几级医疗事故，而是具体地描述了“严重损害就诊人身体健康”的各类情形，然而，该描述直接采用的是二级以上医疗事故和（多人）三级医疗事故的定义。因此，虽然医学会不予受理非法行医的事故鉴定，非法行医的损害结果在鉴定结论中也不会表述为达到某种等级的医疗事故，但是，司法鉴定机构仍然可以对非法行医是否造成了“中度以上残疾、器官组织损伤导致严重功能障碍”等作出鉴定结论。

最高人民法院研究室的负责人解读了该司法解释的出台背景。首先，“严重损害就诊人身体健康”是《刑法》第335条和第336条都规定的损害后果之一，不能将两罪的后果判断标准完全割裂开来。如果认为“严重损害就诊人身体健康”在医疗事故罪中是指医疗事故，在非法行医罪中是指重伤，显然不符合立法经纬。其次，非法行医在客观方面表现为一个不合格的主体实施了医疗行为，行为人的目的是将行医作为职业，反复实施。行为人对就诊人实施的是医疗行为，不是伤害行为。人体重伤鉴定标准针对的是外力伤害，不能全面地反映医疗行为对人体健康造成的损害程度。再次，医疗事故等级实行分段认定，卫生行政部门的资料显示，在起草医疗事故分级标准的过程中，参照了人体重伤鉴定标准、轻伤鉴定标准等，医疗事故分级标准已经涵盖了这些鉴定标准的内容，是目前最全面和最权威的标准。参照医疗事故分级标准认定“严重损害就诊人身体健康”，应当是更科学的。最后，判断非法行医与严重损害就诊人身体健康之间的因果关系，需要医学专业知识和技能。在目前的司法实践过程中，法院一般委托医疗机构对非法行医的案件进行鉴定，因此，适用医疗事故分级标准不存在操作层面上的障碍。[1]

综上所述，最高人民法院《关于审理非法行医刑事案件具体应用法律若干问题的解释》圆满地解决了“严重损害就诊人身体健康”的判断标准之难题，在内容和形式上对于认定医疗损害后果都具有重要的意义。我国刑法中的“严重损害就诊人身体健康”具有统一的内涵，都应当以医学标准作为判断的依据，非法行医罪的司法解释已经出台，还需要制定医疗事故罪的司法解释以明确其损害后果。医疗事故罪中的“严重损害就诊人身体健康”可以表述为两种形式：其一，构成一定等级的医疗事故（例如，二级医疗事故）；其二，符合一定等级医疗事故的概念和情形（例如，中度以上残疾、器官组织损伤导致严重功能障碍）。笔者赞同采用第二种解释方式，这样，一方

1. 刘岚:《明确罪与非罪标准　严惩非法行医犯罪——访最高人民法院研究室负责人》,《人民法院报》2008 年 5 月 12 日。

面可以与非法行医罪的解释保持一致，体现出相同的内涵；另一方面，不需要对任何医疗行为都进行事故等级的认定，在诉讼实践中可以直接运用司法鉴定结论，无需以医学鉴定结论作为必然前提。

第四章　医疗损害两法衔接因果关系的研究

第一节　因果关系的概况

因果关系一词对于大家来说并不陌生，但却很少有人说清楚因果关系的概念。究其原因，这是一个哲学概念。因和果是相对的，有因必有果，有果必有因，它们是唯物辩证法上的一个基本概念，是反映事物与现象之间的相互关系、相互制约的普遍联系形式之一。因此，我们要讨论医疗损害的因果关系，必须从哲学根源上来理解因与果以及它们之间的关系。

哲学上把现象和现象之间“引起和被引起”的关系，叫做因果关系。因果关系是一个复杂的问题，也是各种纠纷需要重点解决的问题，如民事侵权构成的四要件中，其中之一即是“过错与后果存在因果关系”。但是应该说对于因果关系，学界至今还没有构建起完整的理论框架，这不仅限于医疗过失的鉴定理论中，还包括民事侵权法理中，更包括哲学的领域中。

一、医疗损害因果关系的学说

在认定医疗事故罪的医疗行为与损害结果之间具有刑法上

的因果关系这个问题上，学界并没有统一的观点。但有以下三种理论支持的学者比较集中。

（一）事实因果关系说

该说认为："所谓因果关系，是指各个客观现象之间的一种必然联系，即某一现象的出现，是在一定条件下必然由另一已经存在的现象所引起的，这一现象称为原因，而后一现象称为结果，他们之间存在的这种客观的必然联系，就是因果关系。"简言之，该种观点认为，只有当行为人的行为与损害结果之间有内在的、本质的、必然的联系时，才具有事实上的因果关系。因而，在明确因果关系时，必须将原因与条件区分开来。行为对损害的发生起决定作用，行为和损害结果之间有内在的、必然的联系的，是原因；行为和结果之间有外在的、偶然的联系的，是条件。

（二）法律因果关系说

与事实因果关系说不同，法律因果关系说认为，不应要求行为与损害结果之间具有直接因果关系，只要行为人的行为对损害结果构成适当条件，行为人就应当负责。法律因果关系说的基本思想是，人们对特定事件之间的因果联系的判断也只能是在现有的认知条件和信息状况下，对因果关系作出一个大致的判断；因果关系的认知具有法律上的因果关系，必须符合两项要件：（1）该事件为损害发生的不可欠缺的条件；（2）该事件实质上增加损害发生的客观可能性。也就是说，如果根据社会一般见解，能够确定加害行为客观上有可能导致损害后果，就可以认定二者具有因果关系，并不要求加害行为与损害后果之间具有必然的联系。由此可见，法律因果关系说以概率论上之可能性理论为理论基础，与民事诉讼高度盖然性证明标准异曲同工。

（三）“事故参与度”学说

“参与度”又称“寄与度”，由日本昭和大学法医学教授边度富雄首先提出，它是确定人身伤亡结果关系的一个指标（国际法医学界称之为“边度公式”）。“事故参与度”理论的设定是为了解决道路交通事故与受害人死亡、伤残等后果的因果关系。经过后来的发展被运用于解决医疗事故中医疗过失行为对事故的原因力的大小。有的学者将事故参与度与法学上的因果关系联系起来作了不同情况的分析，即依据“事故参与度”理论，认为医疗过错参与度为100%时，为必然因果关系；当医疗过错参与度为50%时，为竞合的因果关系；当医疗过错参与度为25%时，为事实的因果关系；当医疗过错参与度为0%时，为无因果关系。通过对事故参与度具体标准的整理归纳，可以发现以下三种主要观点：第一种观点认为，如果医疗事故责任比例度在60%—100%之间，说明医疗过程中医疗主体的过失行为是导致损害结果的关键因素或全部因素；第二种观点认为，如果参与度在75%以上，则是存在相当因果关系的案件，应该立案侦查，追究刑事责任；第三种观点认为，事故参与度超过50%的属于因果关系确定，在其他条件都符合的情况下应当认定为医疗事故。

从上述介绍的三种关于因果关系的理论可以看出，无论是事实因果说还是法律因果说都只是一个模糊的概念，而事故参与度标准又没有给出如何确定参与度的具体方法。因此，没有一个具体的标准可以准确地对行为与结果之间是否存在刑法上的因果关系进行判断，换句话说这些理论都缺乏实际的可操作性，不能很好地指导实践。

英美法系的因果关系学说不注重哲学的分析，而注重于实证的因果关系，是从大量的案件中总结出来的判断因果关系的规则，认为在多个因果或者条件造成一个损害后果的时候，将因果关系分为两个层次：一是事实因果关系，二是法律上的原因。原告不仅要证明被告的行为有过失，而且还要证明这一过失行为造成了对他的伤害，证明被告的行为与伤害结果之间存在因果关系，不仅有事实上的原因，而且有法律上的原因。确定事实上的原因是认定因果关系的第一步，但还不是全部，还必须证明行为与损害之间具有法律上的原因。只有证明后者，才能够认定法律因果关系的存在。

二、医疗损害刑民两法因果关系的实证考察

为了了解两法衔接的实践状况，笔者对医疗刑事犯罪和民事责任进行实证调研和深度分析，为下文研究两法衔接行为中因果关系存在的问题提供实践依据。

（一）医疗刑事责任实证考察

自 1997 年至今，医疗事故罪已适用了 20 多年，该罪名在

司法适用中情况如何，如何预防和治理医疗领域的过失犯罪行为，刑事立法是否存在需要修改完善的地方，对此笔者将在下文逐一进行探析，分两个时间段就医疗事故罪的司法适用情况进行介绍。

1. 1997 年至 2013 年医疗事故犯罪案件的基本情况

学者杨丹对 1997 年 10 月 1 日至 2007 年 9 月 30 日共 22 起（涉案 26 人）医疗事故刑事案件进行了研究。从医疗事故罪发案数看，平均每年审结医疗事故刑事案件 2.2 起。从危害后果看，除 1 起案件致人重伤外，其余 21 起案件均导致患者死亡。从审理结果看，无罪判决率为 9%（2 件），加上刑事诉讼程序中的撤回起诉案件（1 件），总无罪率为 14%；有罪判决中，定罪免刑 1 件（占案件总数的 5%），判处缓刑 10 件（占案件总数的 45%，占有罪案件的 52.6%）。被认定有罪的 23 人中，14 人被判处缓刑（占犯罪人总数的 60.9%）。从被告人所属医疗机构来看，主要为村卫生所（32%）、门诊部（14%）、诊所（14%）和医院（10%）。从医疗事故发生原因来看，主要为青霉素未经皮试直接注射、超范围行医治疗、手术纱布残留于病人体内和未按规定复核导致超大剂量药物使用等。

学者谈在祥对 1997 年 10 月 1 日至 2013 年 12 月 31 日共 40 起医疗事故案件（涉及医务人员 54 名）进行了研究。从医疗事故罪发案数看，平均每年审结医疗事故刑事案件 2.5 起（其中 2008—2012 年年均为 3 件）。从审理结果看，在有罪判决的51名医务人员中，判处缓刑的26人（占定罪人数的51.0%）、判处实刑的16人（31.4%）、定罪免刑的9人（17.6%）。从量刑情况看，在判处缓刑和实刑的33起案件中，量刑最高的为有期徒刑3年（1例），最低的为拘役3个月，平均量刑约为1.6年；在判处缓刑的18起案件中，最长的缓刑考验期为4年，最短的缓刑考验期为半年，平均为2.08年。从被告人所属医疗机构看，医疗事故主要发生在医院（发生15起，占37.5%，主要为镇卫生院、县医院等一、二级基层医院，无一例发生在三级医院）、村卫生所（室）(11起，占27.5%）、诊所（9起，占22.5%）、门诊部（4起，占10%）和单位医务室（1起，占25%）。从医疗事故发生原因看，主要为常规抗生素注射引起药物过敏反应（13起，占32.5%），药物过期、过量使用或者违反药物的使用规定（9起，占22.5%）导致患者死亡或重伤，违反手术操作规程、遗留纱布在患者体内和抢救不及时（7起，占17.5%），医术不高而延误治疗（5起，12.5%），误诊和受贿开具假报告（3起，占7.5%），麻醉药物注射过量及误注（2起，占5.0%），医生验错血样误输异型血（1起，占2.5%）等。

从以上两位学者的统计分析可以看出，1997年至2013年间医疗事故的案件情况和审理特点为:（1）医疗事故罪的发案率很低，年平均发案数不到3件。（2）量刑畸轻，被判处监禁刑的平均刑期很短。（3）非监禁刑适用率极高，免刑率和缓刑率远高于其他类型案件。（4）被告人多为基层医护人员，医疗

案　号	案件的基本事实	案件性质	事故鉴定	审理结果	主观过失	因果关系
2014 刑初字浚刑第 230 号	被告人在为被害人治疗的过程中，在没有询问被害人是否饮酒的情况下对被害人使用抗菌药物。被害人出现抗菌药物严重不良反应被告人未采取有效处置，导致被害人过敏性休克死亡。	刑事附带民事	医学会医疗事故技术鉴定	有期徒刑 1 年，缓刑 1 年	严重不负责任	造成
2014 泌刑初字第 291 号	被告人在不具备接生的条件下，擅自为他人进行手术，造成就诊人员死亡。	刑事	司法鉴定	拘役两个月	无	造成
2014 虞刑初字第 19 号	被告人在为被害人李某注射药物的医疗过程中，未严格按照医疗程序执行过敏试验，被害人产生药物过敏，抢救无效死亡。	刑事	司法鉴定	有期徒刑 1 年，缓刑 2 年	严重违反法律、法规、规章和诊疗护理规范	系自首
2014 攸刑初字第 283 号	被告人为被害人测试血型定型的过程中与另一位患者的血样混淆，导致被害人输入异型血，回收样本时发现并抢救，抢救无效，就诊人死亡。	刑事	司法鉴定	拘役 3 个月	工作严重不负责任	系自首
2015 息刑初字第 124 号	被告人未作病情诊断，即为就诊人输液导致被害人死亡。	刑事附带民事	一级甲等医疗事故	1 年 6 个月，缓刑 3 年	工作严重不负责任	无

机构层级明显较低。(5)医疗事故的发生原因多为显而易见的常规错误。

2. 2014年以来医疗事故犯罪案件的基本情况

自2014年1月1日起各级人民法院生效裁判文书需在中国裁判文书网上进行公布，笔者通过中国裁判文书网“高级检索”，关键词输入“医疗事故”、案由“医疗事故”、案件类型“刑事案件”，裁判时间从“2014年1月1日”至“2015年6月30日”，共搜寻到一审刑事判决书5个。

3. 医疗事故罪刑事裁判文书引发的思考

(1)医疗事故罪的刑事司法裁量符合立法者对于医疗入罪的谦抑评价

首先，上表通过对于近5年的医疗各罪判例比较，医疗事故罪共计5例，绝对数量极少。其次，通过对比医疗各罪的死亡结果发生率，医疗事故罪均以死亡作为本罪的危害结果，司法实践中对于该罪的危害结果做较严格的标准要求。再次，就刑罚而言，5例判决中最高刑罚为有期徒刑1年6个月(且适用缓刑)，民事和解均作为从轻处罚的量刑情节，刑罚较轻。我国是当代将医疗犯罪类型化入刑法典的少数国家之一，从立法角度而言，重大过失、严重犯罪结果、较轻的刑罚配置，均体现了立法者对于医疗入罪的谦抑考量，彰显立法者对于医疗领域及其工作者的特殊尊重。从判例所得的结果来看，入罪数量少、犯罪结果重、刑罚裁量轻，反映司法工作者对于医疗入罪谦抑化的支持与推崇。

（2）混淆事实因果与法律因果的判断

5例一级甲等医疗事故的刑事判决均存在因果关系表述混淆事实因果与法律因果的问题。诚然，鉴于医疗的专业性，法律工作者不可能对医学鉴定机构的对医学因果关系的事实认定于不顾，但将事实因果关系与法律因果关系混淆，如5例医疗事故罪刑事判决中全部以“造成”作为因果关系的直接表述，丧失了法律价值评判的独立意义。若将医疗过失、因果关系的存在与否全部寄于鉴定机构的鉴定工作，那么，从某种角度而言，医疗事故的认定、责任承担的问题则可全部委任于专业的鉴定机构而非司法审判人员。

（3）缺乏对主观过失的说理且与医疗事故罪客观表现混淆

在5例医疗事故罪的刑事判决中，无一例判决对主观过失进行明确解读，并以“严重不负责任”为主观过失代言，混淆本罪的主观与客观表现，与现行《关于公安机关管辖的刑事案件立案追诉标准的规定（一）》对“严重不负责任”的解读存在法的制定与运行之间的矛盾。此外，将医疗过失的有无完全委任于鉴定机关，直接照搬鉴定内容，缺乏司法说理。

（二）医疗损害民事责任实证考察

以普通民事文书为检索类型，2009—2013年作为查阅年份，正文以医疗损害为关键字的，搜索结果共计23551条。究其原因，一般医疗事故本身属于医疗损害责任归属纠纷的类型之一，而且在搜索到的23551例案件中，存在大量案件因无法进行医疗事故技术鉴定而转化为其他医疗赔偿纠纷。此外，部分法院将本属于医疗事故的案件以医疗损害责任纠纷为标题上传至法院网。因此，笔者只能变通搜索方式，以医疗损害为标题，进行查找。不可避免地，在此搜索模式下，查找结果必然少于医疗事故民事案件的实际审判绝对数。但是，分析该检索方式下的所得结果，也将对笔者了解现行医患关系的纠纷点、医疗事故侵权责任的判定有所裨益。

1. 医疗事故侵权损害赔偿的主要争议点

经检索分析，主要争议点可概括为：是否存在医疗过失行为、损害结果与医疗过失行为之间是否存在因果关系、损害赔偿责任的划分及承担。源于医疗行为的专业性，医疗行为的致害与否在很大程度上依赖于专业鉴定机构的医疗事故鉴定。因此，纵观笔者所查到的民事判例，关于医疗过失及因果关系的判断，法官均依据鉴定结果作为法律评价的基础：法院审判人员在鉴定结论的基础上，对过失及因果关系进行简要的说明，如“严重违反有关法律法规及医疗操作规程，与死亡有一定的因果关系”。关于损害责任的划分与承担，审判人员多根据医疗事故鉴定结论中关于过错参与度及医方过失在事故结果中责任程度的认定予以确定审判结果。在搜索的范围内，仅存少数案例。关于认定医方是否承担主要责任存在异议的情形下，审判人员结合案情认定患者自身的疾病参与度不能成为其负担主要责任的根据。医患关系存在的基础即建立在患者具有原发病情的事实上，患者病情恶化、死亡的可能性应当由于医疗行为而降低乃至消除。因此，不能因为其具备某种病情的初始因素而放任危险结果的发生，并成为医院规避责任的理由。

2. 定性标准缺失、民刑“扯皮”的司法窘境

笔者通过中国裁判文书网查找近几年的刑事、民事判例无非出于这样的思考：第一，虽然多方面的因素导致官方统计数据欠缺，但我国当代的医患关系，包括状况、争议点等从某种程度上可以通过法院判例有所影射；第二，通过对比医疗损害的刑民判决，可以检测目前司法实践中二者区分的审判标准以及关于医疗事故罪的刑法理论分析是否对司法实践确实发挥了有益的实效。然而，当笔者完成对判例的收集与分析后，竟陷入了二者区分的混沌，即笔者不能通过目前的民刑判例而得到司法工作者关于二者的界定标准。具体而言，在前述 5 例刑事判决中，审判者均以“造成”作为因果关系的表述；在民事判决中，关于因果关系的表述则体现为“存在一定的因果关系”“与损害结果相关”“对损害结果起主 / 次要作用”等。因此，民刑因果关系的认定标准是否一致首先产生疑问。其次，在主观心态的描述中，刑事判决则采用“严重不负责任”“严重违反法律、法规、规章和诊疗护理规范”，而未做具体说理；民事判决中则采用“存在严重过失”“严重违反疾病诊疗规范”等为主观过失代言。由此，二者在行为人过失程度上是否存在差异也不可得知。在此，笔者选取中国法院网收录的四则判例予以简单说明：

判例一：患者李某入院后，被告医院在未进行病理诊断的情况下，单凭病史及术中肿物大体表现，临床诊断为“小肠恶

性肿瘤”，导致误诊，引发患者并发症死亡。经鉴定，被告在诊疗过程中存在严重违反医疗常规的误诊、误治行为，且与死亡结果存在直接的因果关系。法院认定被告人严重不负责任，且与死亡结果间存在直接因果关系，构成医疗损害侵权，被告承担民事赔偿责任。

判例二：2010 年 9 月 2 日，被告戴某因过失，错误血型定型及交配，将 A 型血错配给 B 型血的被害人，经抢救无效，被害人死亡。经鉴定，被害人生前输入异型血与死亡结果具有直接因果关系。经法院认定，被告人严重不负责任，造成被害人死亡，医疗事故罪成立。

在判例一与判例二中，关于因果关系的判定，法院均采用了鉴定结论所示的直接因果关系，对主观过失则均表述为严重不负责任。在相同的主观过错与事故参与度下，案件性质为何完全相反，笔者表示存疑。

判例三：2010 年 2 月 15 日，患者因胸闷气短，邀请被告卫生所医生到家诊疗，经两天治疗，症状有所减轻。2 月 18 日患者前往卫生所输液，输液不久，患者昏迷，抢救无效死亡。次日，鉴定机构组织对死因进行鉴定，认定被告存在医疗过失，与死亡之间存在因果关系，过失参与度为 50%—70%。本案审判员认为，被告应严格遵守诊疗护理规范、常规，以避免危害结果的发生。被告人对患者的病因未做进一步判断甄别，以至于患者输液后诱发心脏病猝死。最终以医疗事故民事侵权定性，被告医院承担民事赔偿责任。

判例四：2008 年 7 月 12 日，江某系胃疼、胃胀到被告诊所就诊，被告人简单检查后便做出慢性胃炎的诊断并为其输液，之后被害人昏迷，最终抢救无效死亡。经鉴定，被害人的死亡与被告人的医疗过失行为存在间接因果关系，过错参与度为 40%。最终法院认定，被告人严重不负责任，造成被害人死亡，医疗事故罪成立。

在上述节选的两例案件中，均用过错参与度表明了过失医疗行为对死亡结果的原因力或介入程度。而且在民事审判中所认定的过错参与度要高于刑事审判，二者的定性区分又采用什么标准，笔者很有疑惑。

第二节　医疗损害刑民两法因果关系区分

目前针对医疗损害民事与医疗事故罪因果关系判断的混乱，有必要提出补充标准而弥补理论缺憾与司法混乱。针对以医疗损害危害结果的医疗损害刑民因果关系的界定，笔者认为，区分的核心应在于判断损害结果的法律性质，即探讨危害结果构成刑法上的犯罪结果还是仅满足侵权法上所规定的侵权结果，而对于危害结果的法律性质划分则可依赖于因果关系的判定。

一、医疗损害刑事因果关系分析

刑法因果关系是指符合犯罪构成要件的危害行为与危害结

果之间的关系，因果关系在犯罪构成中的地位即指其是否为犯罪构成中的独立要素。大陆刑法学研究者将因果关系作为构成要件符合性的研究内容，英美刑法学理论则将因果关系归于犯罪的本体要件，[1]而在我国的传统四要件理论中则将因果关系置于客观构成要件中予以判断。关于刑法因果关系的地位，我国的理论通说认为，刑法因果关系不是犯罪构成的要件要素，[2]从对因果关系的认识错误不影响犯罪成立这一点即可见一斑。刑法中的因果关系并非为犯罪构成要件的原因在于，因果关系的功能即在于确认行为与结果之间的引起关系，即判定某一危害结果的实现可否归于某具体行为。因果关系的判断对行为与结果的认定发挥决定性作用，其重要作用之一即体现为刑法因果关系可用来判定某危害结果是否可被认定为刑法所规制的犯罪危害结果。换言之，危害行为与结果之间若不存在刑法上所认定的因果关系，即便出现了形式上符合法定构成的消极结果，也难以将该结果认定为刑事立法中立法者所预设的具体犯罪中的法定危害结果。在此，以下两则案例予以简要说明：

案例一：A 严重疲劳驾驶并误撞在山道上晨练的行人 B 致其轻伤，在送 B 去往医院的途中，突发山洪，掩埋车体，最终 B 死亡。在此案例中，出现了交通肇事罪所预设的被害人死亡结果，并有 A 严重疲劳驾驶的过失行为，符合我国目前关于交通肇事罪的抽象立法规定。但具体到本案例中，源于因果关

1. 储槐植：《美国刑法》，北京大学出版社 2005 年版，第 43 页。
2. 李洁主编：《刑法学（下）》，中国人民大学出版社 2008 年版，第 91 页。

系的中断，即发生了不为行为人所控或非由行为人所创设的危险现实实现，因此不能将B最终死亡的结果认定为本案例中交通肇事罪的危害结果。从上述案例中，可看出刑法因果关系的功能之一即在于确认形式上符合刑事立法者预设的犯罪危害结果，是否在本质上满足刑法上对于犯罪结果的法律属性要求。医疗事故罪作为典型的过失犯罪，欲将死亡或严重损害就诊人身体健康的危害结果归咎于医务人员的严重医疗过失行为，二者之间因果关系的确认是本罪成立的必要前提，患者死亡的危害结果能否被认定为刑法意义上的犯罪结果则需依赖于刑法因果关系的判定。

案例二：A严重疲劳驾驶并误撞在山道上晨练的行人B致其昏迷，在医院抢救的过程中，值班医生严重不负责任，误切断B的动脉血管致B死亡。经鉴定，A疲劳驾驶的行为对B死亡结果的事故参与度为10%，即二者存在10%的间接因果关系。在此案例中，同样存在A疲劳驾驶的过失行为与B死亡的危害结果，但并不能认定A交通肇事罪成立或B死亡结果为交通肇事罪的法定犯罪结果。源于刑法上的因果关系并不满足于任何微弱的促进力量即可，刑法上的因果关系要求原因对结果的“实质的”或“重要的”决定性力量。

综上，刑法因果关系即使非作为犯罪构成的独立要件，但其对行为与结果的决定作用决定了其可以作为判定符合形式要求的消极结果是否满足刑法上对犯罪结果的实质要求，即只有符合构成要件的危害行为满足刑法上的引起与被引起的因果关系所招致的符合构成要件的危害结果，才能被认为是刑法上所预设的犯罪结果。

二、医疗损害民事因果关系的判断

与刑法中因果关系的地位认定不同，目前侵权责任构成的要素已逐渐确定，包括违法行为、损害事实、因果关系、主观过错。侵权法上的四要件理论为最高人民法院的司法解释所采用，并指导全国司法机关的侵权法审判实践。[1]也就是说，判定某危害行为是否符合侵权法上所判定的侵权性质，因果关系的成立是司法认定的关键一环。因此，医疗过失行为与危害结果之间因果关系的存在是医疗机构或医务人员成立一般医疗事故侵权并承担医疗损害赔偿的必要前提。过错是承担过错责任的前提条件，如果没有过错，尽管行为与损害后果之间具有因果关系，但行为人不承担过错责任，即所谓的无过错即无责任。例如麻醉意外，麻醉师推注麻醉药物与患者呼吸、心跳继而死亡之间具有直接因果关系。但经法医鉴定，认定麻醉师在麻醉过程中没有违反麻醉常规，已尽到应有的注意义务的，则医疗机构不承担过错责任。相反，如果仅有过错，但过错与损害后果之间不存在因果关系的，则行为人也不承担过错责任。如下列案例：

1999 年 8 月 6 日晚 11 时许，原告王某因右手压轧伤去被

1. 杨立新:《侵权法论》，人民法院出版社 2005 年版，第 178 页。

告医院治疗。经门诊接诊，原告被直接送入手术室。被告医生根据原告的伤情对其施行了指骨缩短缝合术，部分截除原告右手食、中、环、小指四个指头。2001 年 8 月 7 日，原告以被告的医疗行为有过错为由，起诉要求被告赔偿经济损失 38706 元。此前，经医疗事故技术鉴定委员会鉴定，认为被告的医疗行为符合医疗常规，不属于医疗事故。法院在受理该案后，委托有关机构进行了医疗过错责任的鉴定。鉴定结论认为，院方在术前未做摄片检查，未向患者及家属作必要的解释工作并履行签字同意手续，存在过错。但同时认为，在当时当地条件下，院方选择保留手指一定长度的手术符合手外伤处理原则，未摄片并未影响以后的诊治，未造成不良后果。一审法院审理后认为，院方的行为虽有过错，但与王某实际损害后果无因果关系。据此判决驳回原告的诉讼请求。原告不服，提起上诉。二审法院判决驳回上诉，维持原判。

三、医疗损害因果关系在刑民两法中的区别

就哲学而言，因果关系是事物之间引起与被引起的客观运动联系，探讨哲学中的因果关系源于从事物引起与被引起的关系中探索规律以指导实践。“由结果追诉原因，找到事物存在和发展的根源，从而根据实践的需要创设或消除某些原因，以便追求或避免某些结果的实现。”[1] 与哲学中的因果关系不同，

1. 吴建国：《唯物辩证法对偶范畴论》，江苏人民出版社 1986 年版，第 73—79 页。

探讨部门法上的因果关系，其目的在于明确为法律所禁止的危害结果是否由行为人的危害行为所产生，从而为行为人承担法律责任提供客观基础。因此，以因果关系作为二者的区分则不可能回避法律责任的探究。而刑事责任与侵权责任在设立目的、功能及实现方式上都存在明显差异。刑法以惩罚、预防犯罪为己任，依靠国家强制力实现严格的生命刑、自由刑及财产刑罚；侵权法则以赔偿、弥补损害为功能追求，在责任的严苛程度上与刑事责任也有较大的差异。法律责任是立法者为了维护阶级利益、统治秩序或维护平等主体间的法益所创设的，以国家强制力保障实施的道德及政治谴责，不可避免地带有主观评价，一方面，探究法律因果关系，至少在刑法学及侵权法学上来说，不是为了寻求案件的发展规律以指导实践；另一方面，因不可回避道德政治评价，部门法的因果关系与完全客观的哲学因果关系存在不同。刑法、侵权法上的因果关系，是为法律责任提供客观基础的，是刑法、侵权法所创设的危害行为与危害结果之间的引起与被引起的事实因果与法律因果的统一。因果关系的判断即是在确定了事实上存在的引起关系后，根据部门法的价值追求，按照刑法、侵权法中的特定判断标准划定事实因果关系的条件范围，予以法律价值评价。法律因果关系不同的判断标准，则体现了刑法与侵权法的价值追求或功能差异。可以说，法律责任与危害行为或危害结果呈正相关：行为及结果的社会危害性越大，责任程度越重，对危害行为的构成要件标准要求亦越高。进而，刑事责任作为统治者对于犯罪行为最为严厉的道德政治谴责，势必对犯罪构成中的刑法因果关系有较高的要求。换句话说，作为为刑事责任提供客观基础的刑法因果关系便呈现出与其他部门法因果关系在联系程度或判断标准上的差异。因此，成立侵权法上的因果关系，未必成就刑法上的因果关系。

第三节　医疗损害因果关系刑民中的衔接

既然因果关系可以作为评价消极结果法律属性的判断要素，且源于因果关系的二重属性，在理论上侵权法、刑法因果关系既有区别又有一定的联系，那么如何认定民刑因果关系的判断标准则成为医疗损害民刑界定的攻坚点。

一、事实因果关系的衔接

事实因果关系的判定讲求客观而全面，只要存在A与B的引起关系，就不能因A仅以微弱的促进力对B进行干预而否认A与B事实因果关系的存在。源于因果关系是行为由外部对客体内部发展进程的客观介入，事实因果关系的存否与行为人的主观认知、概率大小等均无关。因此，只要存在引起与被引起的事实关系，不管是否符合事物发展规律、行为人的主观臆想，均不影响事实因果关系的成立。

在医疗事故（罪）的事实因果判断中，只能以严重违反法律、法规、医疗操作常规等严重不负责任的医疗过失行为作为评价对象。此外，医疗过失行为与危害结果间不必遵循条件说中“无A则无B”的判断模型。原因在于，条件说无法满足复数危害行为均可独自实现危害后果及复数危害行为需共同作用导致危害结果发生的因果判断问题。笔者认为，刑法或侵权法上关于事实因果关系的判断不必强调必要条件、充分条件、充分必要等逻辑形式，仅存在符合构成要件的行为对结果的贡献力即可，即符合构成要件的影响因子。所谓的影响因子是指，虽对结果的实现不存在绝对的引起力量，但此部分因素的存在确实对结果的发生起到了促进作用，该因子与其他因素共同结合并成就了危害结果的最终实现。之所以存在对结果起部分促进作用的符合构成要件的影响因子即可满足事实因果关系，源于凡是对结果产生积极促力的行为，均为该结果产生的必要条件。因此，按照上述逻辑，事实因果关系的判断实质上是圈定了一个符合构成要件的行为原因集合体，该集合体便成为了某行为能否成为原因的质的标准。

二、法律因果关系的衔接

（一）因果关系联系程度：“量”的界定

事实因果关系在“质”上判定因果存在的有无，并圈定了符合构成要件的影响因子集合。由于刑罚的严苛性，行为人为危害结果承担刑事责任必然要求行为对结果的发生起到了极其重要的促进作用，而这种影响力绝非一般的、微弱的干预即可。刑法法律因果关系实现在“质”的基础上进行“量”的挑选与确认，以“实质的”“重要的”作用力为标准，筛选出符合“质”与“量”的双重标准的法律因果关系，结合社会一般相当性，探讨法律因果关系的存否，即满足符合相当性的“有A则有B”。而侵权法上的法律因果关系服务于侵权法弥补损害、填补赔偿的功能追求，其不必要求行为对结果的绝对贡献力量，只要对结果起到了促进作用并符合社会相当性及公平的考虑，即可确认侵权法律因果关系的存在。

1. 医疗事故罪中“决定性”法律因果联系的挑选

以75%的事故参与度作为“有A则有B”的量化标准，医疗事故纠纷中的事实因果关系依托于医学专家的科学鉴定，其中包含因果有无及联系程度的确认。刑法中的业务过失犯罪，“要求客观上必须出现了严重的危害结果，并且在严重结果与业务过失行为之间存在明确的决定性因果关系”。[1]决定性的因果关系是指符合构成要件的危害行为自身具有独立实现危害结果发生的可能性，对危害结果的产生具有绝对性的支配作用。判断决定性的支配作用，即是在事实因果关系成立的基础上，判定原因系统中每一项影响因子对危害结果所发挥的作用力大小的选择过程。关于“决定性因果关系”在医疗事故罪中的表述，有学者指出“只有事故参与度超过了50%，才能将损害后果归咎于医疗过失，即医疗过失对损害结果承担同等责任

1. 张绍谦:《刑法因果关系研究》，中国检察院出版社2004年版，第267页。

是归责的最低标准”。[1]

“对于医疗事故参与度在75%以上，法学上存在相当因果关系的案件，应该立案侦查，追究其刑事责任。”如上文所述，事故参与度实质上是判定医疗过失行为对危害结果的原因力大小或介入程度，其表明医疗过失行为对危害结果的风险升高程度，是因果关系中“量”的体现。各学者虽然对于医疗过失事故参与度的刑事认定标准存在不同，但是均蕴含了相同的含义，即强调“实质的”“重要的”促进力是医疗事故罪法律因果关系的成立标准之一。美国刑法“近因说”理论将“实质的”“重要的”解读为没有被介入因素中断原因链条，盖然、当然地实现结果。这里的盖然（probably）指概率超过50%，当然（naturally）指概率约等于100%。我国刑法学者侯国云先生根据可能性的概率大小，将刑法因果关系划分为决然因果（概率100%）、必然因果（概率小于100%，接近于100%）、或然因果（概率在50%左右）、偶然因果（小于5%的概率）。[2] 笔者认为，在一般案件中，以具体量化的标准去认定法律中的因果关系，确实存在困难。正如某些学者指出的，白天与黑夜易于区分，但却难以准确地指出黎明或黄昏的交接地带。源于一般案件关于法律因果关系是否存在的判断中，更多地是依赖社会一般人的因果观念，不管是以陪审团的形式还

1. 杨丹:《医疗刑法研究》，中国人民大学出版社2010年版，第163页。
2. 侯国云:《刑法因果关系新论》，中国人民公安大学出版社2012年版，第145—200页。

是法官的自由裁量。人们对于一个结果的产生，从朴素的情感以及因果观念的生活积累，可能较容易判断出因果关系的存与否以及关于原因对结果是否有重要的促进力量形成相对含糊的感性认知。但是，要确切说明存与否的界限或者具体的原因力大小却是难以清晰道明的。然而，与一般情况不同，在医疗领域，涉及非“普通人”的专家鉴定，医疗过失与危害结果之间因果关系的存否以及事故参与度的大小，可以由鉴定机构给予较精确的量化判断。笔者认为，医疗损害的民刑区分通过事故参与度的量化比较，即因果关系的联系程度可以实现。具体思考如下：可以考虑医疗过失行为对患者死亡结果的危险性抬高与患者自身疾病致死风险的比较。参考现行《医疗事故鉴定暂行办法》中对医疗事故责任的等级划分，区分如下情况：（1）经鉴定，危害结果完全由医疗过失行为造成（完全责任），事故参与度为100%，其他非医疗因素引发死亡结果的可能性为0%。此种情形下，合法替代的医疗行为导致损害结果不发生的可能性为100%，医疗过失行为对死亡结果的发生已经起到了决然的支配力量，认定医疗事故罪的法律因果关系初步成立；（2）经鉴定，损害结果主要由医疗过失行为造成（主要责任），则医疗过失的事故参与度至少为50%以上。即采用合法的医疗代替行为导致损害结果不发生的可能性为50%以上，医疗过失行为临界或非临界，提升了死亡风险现实化的可能。此种情况下，需分情况考虑医疗事故罪的刑法因果关系是否初步成立；（3）经鉴定，损害结果主要由其他非医疗因素造成，医疗过失行为起次要作用（次要责任），事故参与度为50%以下。在这种情况下，合法的医疗替代行为阻却损害结果实现的可能性相对较小，不符合刑法因果关系中原因对结果实质影响的理论要求，不存在刑事法律因果关系；（4）经鉴定，医务人员的医疗过失行为对损害结果仅起到轻微作用（轻微责任），事故参与度为25%以下，认定刑事法律因果关系不成立。

综上，医疗事故参与度在50%以下时，没有讨论医疗事故罪法律因果关系成立的必要，也就是说，在此种情形下，虽有符合构成要件的医疗过失行为与符合形式标准的就诊人死亡，但二者之间不存在刑法上所要求的刑法法律因果关系。因此，患者死亡的结果不属于医疗事故罪中所预设的犯罪结果，死亡结果的性质非属刑，即不成立医疗事故罪。刑法与侵权法对医疗损害结果责任的承担划分是不同的，成立民事侵权的，根据责任程度，由医方、患者或其他行为人共同承担侵权责任。如在成立一般医疗事故的情形下，假设医方的医疗事故参与度是20%，那么医方即承担20%的赔偿责任。但在刑法中，若认定医疗事故罪的成立，医务人员则自己承担完全的刑事责任。因此，刑法与侵权法关于事故参与度的认定必然存在量化的不同。仍需继续讨论的问题是当事故参与度在50%—75%之间时是否成立刑法上的法律因果关系：如患者自身疾病致死可能性为45%，医疗事故参与度为55%，是否应按照上文有学者所言，以50%以上的医疗事故参与度作为刑法上的问责标准。

笔者认为，仅达到50%以上的事故参与度是不够的，在此案例中，即使医务人员严格遵守医疗制度、医疗操作常规，实行合法的替代行为时，阻碍死亡结果实现的可能性为55%。此时，合法替代行为将导致患者不死亡的可能性与患者自身疾病致死的可能性二者之间为临界关系，二者呈现竞争态势。在最终结果上，有可能向死亡结果迈进，也有可能向不死亡的方向发展，即没有足够的动因力量能保证事件发生的结果仅向一个固定方向发展。合法替代行为阻却危害结果实现的可能性与患者自身疾病因素致死的可能性差仅为10%。在此情况下，若以线段轴为例，疾病致死可能性有着向死亡标点前进的45%的动力，而合法替代行为在向患者生存希望的前进过程中，需消减掉患者自身致死的45%可能性，即仅有10%的动力因子推向客体内部因素面向非死亡结果前进发展，仅凭10%的差额不能被认定为保障合法医疗替代行为与患者自身疾病致死因素竞争中的绝对优胜力量。相应地，笔者认为，只有在合法代替行为阻却危害结果实现与患者自身因素致死可能性差额达到50%以上时，才能认定刑法因果关系上的绝对力量，即事故参与度实现75%以上。

2. 医疗损害侵权中法律因果关系关于“量”的界定

从目前医疗事故民事判例中关于医疗事故侵权责任的认定可看出，医疗事故因果关系的成立并不强调实质或重要的推动作用，仅要求医疗过失行为对危害结果有促进作用即存在医疗事故参与度即可。这一点，从关于医疗事故轻微责任、次要责任的立法规定也可见一斑。与医疗事故罪中关于法律因果关系“量”的绝对量化要求不同，即使对损害结果仅有1%的参与度，只要这种参与度是在医务人员违反法律、法规、医疗常规的医疗过失行为下实现的，为了实现侵权法填补损害的价值功能，以公平起见，就应该对损害结果承担1%的法律责任。

（二）相当性的判断

在确认了因果关系的质与量之后，为了进一步防止不当扩大因果关系的认定范围，需要依靠社会一般人的因果观念判定，即在社会一般情形下，是否由此条件通常会引发此结果。在相当性的判断上，侵权法与刑法并无本质不同，但在特殊情形下，侵权法考虑到公平赔偿或补偿的问题，而过滤相当性直接认定法律因果关系的存在。客观说作为目前相当性判断的通说标准，以一般社会人的因果认知判定原因与结果之间是否符合相当性，排除了特定行为人主观认知的有无，与因果关系的客观属性相符。医疗事故鉴定中对于因果关系的认定仅指特定行为与特定结果之间是否存在事实因果关系。而本部分所言的相当性判断则是法律工作者在专家判断的基础上，依照普通人的生活经验，判定行为人的过失与危害结果的实现是否不具有异常性，即此种医疗过失行为是否在通常情况下均会导致该种危害结果的实现，是对法律因果关系在医学鉴定因果关系范围内的进一步检测及收缩。

第五章　医疗损害鉴定刑民衔接研究

第一节　医疗损害鉴定刑民两法现状

目前我国医疗损害技术鉴定出现“双轨制”鉴定的现象——医学会鉴定和司法鉴定，其原因主要是由于我国对医疗损害的司法鉴定缺乏统一而明确的法律规定，已有的各种规定又相互冲突，没有能够构建起统一的医疗损害鉴定制度。《民事诉讼法》第72条规定，“人民法院对专门性问题认为需要鉴定的，应当交由法定鉴定部门鉴定，没有法定鉴定部门鉴定的，由人民法院指定的鉴定部门鉴定”。2002年9月1日国务院《医疗事故处理条例》(以下简称《条例》)正式实施，对医疗纠纷的行政处理、医疗事故鉴定的组织机构及鉴定程序等作了具体的规定。其中明确规定医学会成为组织医疗事故鉴定的惟一合法机构，主要是对医务人员是否违反医疗法律法规，是否构成医疗事故的行政鉴别行为。2003年1月最高人民法院《关于参照〈医疗事故处理条例〉审理医疗纠纷民事案件的通知》，对医疗纠纷诉讼中涉及的医学专门问题的鉴定作了规定，即《条例》实施后发生的医疗事故引起的医疗赔偿纠纷，诉讼到法院的，参照《条例》的有关规定办理，人民法院在民事审判中，根据当事人的申请或者依职权决定进行医疗事故司法鉴定的交由医学组织鉴定；因医疗事故以外的原因引起的其他医疗赔偿纠纷需要进行司法鉴定的，按照《人民法院对外委托司法鉴定管理规定》组织鉴定，这一规定无疑会导致医疗纠纷司法鉴定呈现二元化的现象，即医学会组织的医疗事故技术鉴定和有资质的司法鉴定机构进行的司法鉴定。那么这两种鉴定在医疗损害中又各自发挥什么样的作用？下面通过两者间的对比做进一步分析。

一、医学会鉴定

《条例》第三章对医疗事故的技术鉴定专门制定了相关的规定。其中第 20 条对技术鉴定的启动规定："卫生行政部门接到医疗机构关于重大医疗过失行为的报告或者医疗事故争议当事人要求处理医疗事故争议的申请后，对需要进行医疗事故技术鉴定的，应当交由负责医疗事故技术鉴定工作的医学会组织鉴定；医患双方协商解决医疗事故争议，需要进行医疗事故技术鉴定的，由双方当事人共同委托负责医疗事故技术鉴定工作的医学会组织鉴定。"为此，卫生部为规范医疗事故技术鉴定工作，确保医疗事故技术鉴定工作有序进行，于 2002 年 7 月 31 日特地发布了《医疗事故技术鉴定暂行办法》，对涉及医疗事故技术鉴定的鉴定主体（设区的市级和省、自治区、直辖市直接管辖的县市级地方医学会负责组织的专家组）、鉴定的提起与受理、鉴定的程序、医疗事故的认定、分级与责任划分原则、鉴定书的制作以及卫生行政部门的审核等都作了较为详细的规定。这些显然规定了医学会组织的医疗事故专家鉴定，为卫生行政处理医疗事故或医疗事故争议服务的鉴定主体。其鉴定结论是卫生行政部门行使行政管理职能对医疗事故或医疗事故争议当事双方进行调解，以及对发生医疗事故的医疗机构及其医务人员进行行政处理的重要依据。

医疗事故鉴定具有如下特点：（1）鉴定主体只能是特定的主体，即各级医学会组织的鉴定专家组，其他任何卫生行政机构或医院、医学院校无权组织或进行医疗事故鉴定；（2）医疗事故鉴定是医学会接受当事人、卫生行政机关或法院的委托后被动启动的，医学会没有权利主动启动医疗事故鉴定；（3）医疗事故鉴定具有很强的专业性，必须由具有一定资质的相关医学学科专家，运用丰富的医学知识和临床经验，对专门性问题进行分析评判，并得出相应的结论；（4）医疗事故鉴定带有很强的行政色彩，主要目的是为医疗机构和卫生行政部门解决和处理医疗纠纷提供依据和方法。

二、司法鉴定

按照我国《民事诉讼法》《刑事诉讼法》与《行政诉讼法》的有关规定，司法鉴定是指在诉讼过程中对案件中的专门性问题，由司法机关指派或当事人委托，聘请具有专门知识的人对专门性问题作出判断的一种活动。或者说司法鉴定是司法鉴定人接受司法机关、仲裁机构或当事人的委托，依照法律规定的条件和程序，运用专门知识或者技能对诉讼、仲裁等活动中所涉及的某些专门性问题进行检验、判定的活动。司法鉴定属于科学实证活动，其鉴定结论作为法定证据之一，对案件的裁决具有重要乃至决定性的影响，是司法活动的重要组成部分。司法鉴定主要有法医、物证、声像资料等类别。医疗人身损害赔偿案件涉及的是诉讼中的医疗活动有无过失，以及与患者不良医疗后果之间有无因果关系等医学性的专门问题，所以法医病理学与临床法医学鉴定在医疗损害赔偿案件的司法鉴定中尤为重要。

医疗损害赔偿案件的法医学司法鉴定的根本任务是为司法机关审理医疗人身损害案件提供科学证据，其鉴定主体是具有鉴定资格的法医学司法鉴定机构和法医学司法鉴定人。司法鉴定的主体不仅体现在具体实施鉴定的人员应该是具有法医学鉴定资质的鉴定人员，而且还应该体现在鉴定的具体操作上，应该运用法医学有关的理论与技术去检验、分析并得出结论。即法医学司法鉴定人以法医学的观点、立场、理论与技术，检验、分析医疗损害赔偿案件所涉及的医学事实，在鉴定中注意听取并尊重临床专家的意见，但不盲从，应完全独立地去分析判断案件涉及的医疗机构及其医务人员有无医疗过错，医疗过错与不良医疗后果之间有无因果关系，以及责任参与度、伤残等级等司法鉴定需要解决的问题。不以追究医疗事故责任为目的，而以提请医疗人身损害赔偿为案由的民事诉讼案件，特别是那些已经被医学会的医疗事故技术鉴定为不属于医疗事故，而又有医疗过错的案件，为了使受到损害的当事人能够按照《民法通则》的原则得到应有的赔偿，使法医学司法鉴定能够更好地适应司法诉讼的要求，当事人或司法机关应该委托具有司法鉴定资质的法医学司法鉴定机构，对医疗损害赔偿案件涉及的技术问题做法医学司法技术鉴定。

三、医疗事故鉴定与司法鉴定的联系

医学会组织的医疗事故或医疗事故争议的医学技术鉴定与司法技术鉴定两者之间，相同点在于它们的本质都是对医疗过程中医疗行为与患者不良医疗后果的因果关系进行分析技术鉴定；目的都是为有关部门对医疗纠纷、医疗事故争议或医疗损害赔偿案件的处理提供科学依据；鉴定的程序基本相同，即受理有关单位的委托，了解并掌握有关事实和当事双方的意见后，依据客观事实，用科学的理论，针对委托要求逐一分析，最后提出鉴定意见或结论；鉴定的原则一致，即都要求鉴定人在鉴定时“坚持实行实事求是的科学态度，做到事实清楚、定性准确、责任明确”；鉴定书的书写形式与内容大致相同；鉴定人都要求是医学领域的高级技术人员；对鉴定人的回避制度相同等。

四、医疗事故鉴定与司法鉴定的区别

（一）鉴定的性质、目的与任务不同

根据《条例》第27条“专家鉴定组……独立进行的医疗

事故技术鉴定，对医疗事故进行鉴别和判定，为处理医疗事故争议提供医学依据”。这里明确规定了医学会组织的专家组的医疗事故技术鉴定，为卫生行政部门处理医疗事故或医疗事故争议服务，提供医学依据的医学技术鉴定的基本性质和根本目的。因此，它的首要任务是鉴定医患双方争议涉及的医疗行为是否构成医疗事故。确定构成医疗事故，其次才鉴定事故的等级、医方的责任程度等。这种医学技术鉴定所依据的主要是国务院为正确处理医疗事故所制定的行政法规——《条例》，以及与其相配套的《医疗事故技术鉴定暂行办法》、卫生部门的行政管理规章、技术规范和常规等。

而按照司法鉴定的概念，医疗纠纷或者医疗损害赔偿案件的（法医学）司法鉴定指的是（法医学）司法鉴定机构和（法医学）司法鉴定人，根据司法鉴定的委托，用医学和法医学的理论与技术，对有关材料进行检验、分析鉴定，为医疗纠纷或医疗损害赔偿案件的司法审理提供诉讼证据。因此，它的性质是以科学技术手段核实并提供法律证据，为司法机关裁决医疗人身损害赔偿案件服务的一种诉讼活动。它并不刻意鉴定医患双方纠纷涉及的医学事实是否构成医疗事故，而首先鉴定有无医疗过失，如存在医疗过失，则鉴定其与患者的人身损害之间有无因果关系，与司法裁判相关的医疗过失的责任程度、患者人身损害的等级或程度等，以及其他与司法诉讼裁判有关的问题。这种（法医学）司法鉴定所依据的主要法律法规，是根据《立法法》制定的《民事诉讼法》《民法通则》《刑事诉讼法》等国家基本法律、法规，以及最高人民法院所发布的有关司法解释，卫生部门的行政管理规章、技术规范和常规等。

（二）鉴定机构或鉴定人（鉴定主体）的法律属性与地位不同

按照《条例》和《医疗事故技术鉴定暂行办法》的规定，医疗事故技术鉴定的鉴定机构是“设区的市级和省、自治区、直辖市直接管辖的县（市）级地方医学会负责组织的专家组”。负责技术鉴定的组织和日常工作的是医学会设立的医疗事故技术鉴定办公室，该办公室的负责人由医学会任命。该办公室的工作对医学会负责，医学会又对它的领导机关卫生行政部门负责。因此，医学会及其下属的医疗事故技术鉴定办公室在医疗事故的技术鉴定中，不可能做到与当地的卫生行政部门完全分开，独立进行鉴定。

参加医疗事故技术鉴定的相关专业的专家，由医学会工作人员依据《条例》及《医疗事故技术鉴定暂行办法》规定，对具备条件的专家进行审核，医学会所设立的专家库必须由具备下列条件的医疗卫生专业技术人员组成：（1）要具有良好的业务素质和职业品德。（2）受聘于医疗卫生机构或者医学教学、科研机构并担任相应专业高级技术职务3年以上。（3）健康状况能够胜任医疗事故技术鉴定工作。另外，符合第（1）、第（3）项规定条件并具备高级技术任职资格的法医也可以受聘进入专家库。

需要鉴定时，由医患双方从专家库内随机抽取专家，先组成“专家鉴定组”，然后再组织鉴定。在特殊情况下，医学会根据医疗事故技术鉴定工作的需要，可以组织医患双方在其他医学会建立的专家库中随机抽取相关专业的专家参加鉴定或者函件咨询，在专家组成员专业分配方面，规定了医疗1/2争议涉及多学科专业的，其中主要学科专业的专家不得少于专家鉴定组成员的1/2。

我国目前司法技术鉴定机构和鉴定人大多隶属于司法机关，少数是隶属于教育部、卫生部或司法部属高等院校的有关鉴定机构和教师，以及由司法行政机关核准登记，取得面向社会从事司法鉴定服务资格的机构。司法鉴定人必须通过司法部门的审查，才能取得司法鉴定人资格证书和执业证书。司法鉴定人的科学地位是具有专门技术的自然人，其法律地位是接受委托鉴定的诉讼活动的参与人。司法鉴定机构以及司法鉴定人只对委托其作司法鉴定的司法、仲裁机关和律师事务所，以客观事实与司法公正负责上述主体处于医疗纠纷、医疗事故或医疗事故争议以及医疗损害赔偿诉讼纠纷之外，是与当事双方没有直接利害关系的中立的第三者。这些特点决定了他们在鉴定时容易做到客观、真实和公正。因此，在实际工作中也容易得到当事人（尤其是患方）的信任和欢迎。

（三）鉴定程序的启动方式不同

按照《医疗事故处理条例》和《医疗事故技术鉴定暂行办法》的有关规定，医疗事故技术鉴定程序的启动有三种方式：（1）卫生行政部门移交鉴定，此适用于医疗机构发生重大医疗过失行为，或者医患双方的任何一方当事人要求卫生行政部门处理医疗事故争议，而卫生行政部门审查后认为需要作技术鉴定时。（2）当事医患双方对争议的事实或原因不能达成共识，而同意共同委托鉴定。（3）以医疗事故损害赔偿为案由的民事诉讼案件中，由当事人协商一致或者不一致时由司法机关决定。

按照《民事诉讼法》《刑事诉讼法》及有关规定，医疗纠纷或医疗人身损害赔偿案件的司法鉴定程序的启动方式有：（1）司法机关（公安、人民检察院和人民法院）在诉讼的不同阶段，根据医疗人身损害赔偿案件审理的要求可以依法直接决定并委托本系统司法鉴定机构鉴定；或者根据诉讼当事人、辩护人或代理人的申请，决定司法鉴定的委托。此时，如果司法机关委托社会司法鉴定机构鉴定，应当由其内设的司法鉴定机构（如司法技术处）选择委托登记在册的、有司法鉴定资格的司法鉴定机构。（2）《仲裁法》是我国现行法律中唯一有赋予当事人选任鉴定人权力规定的法律，因此，面向社会服务的司法鉴定机构还可以接受仲裁机构或者当事人约定后提交的鉴定委托。（3）负有举证责任的当事人可以单独直接委托司法鉴定机构鉴定，此时最好通过律师事务所出具申请司法鉴定的委托书，这种委托方式在我国当今司法鉴定体制尚不统一、机制不够完善以致当事人申请司法鉴定常会遇到不应有的困难的情况下，显得尤为重要。否则，医疗人身损害赔偿或医疗事故争议的司法救助这条最后的途径，将会变得不够通畅。

（四）鉴定的负责制不同

按照《条例》和《医疗事故技术鉴定暂行办法》的有关规定，医学会组织的专家鉴定组进行医疗事故技术鉴定，实行合议制。专家鉴定组人数为单数，涉及的主要学科的专家一般不得少于鉴定组成员的1/2。经合议，根据半数以上专家鉴定组成员的一致意见形成鉴定结论。在这样的集体负责制和专家鉴定组的组成规定下，鉴定结论的得出及其是否正确，由参加鉴定的专家们集体负责。专家个人虽然会在鉴定结论上签名，但鉴定书文稿最终由专家鉴定组组长签发。而且正式向委托单位或当事人出具的鉴定书上，只盖有“医学会医疗事故技术鉴定专用章”，没有鉴定专家的个人签名。众所周知，在科学技术领域是不能简单地以多数或少数来作为判断是非的根据的。

按照2005年2月28日全国人民代表大会常务委员会通过的《关于司法鉴定管理问题的决定》，司法鉴定实行的是鉴定人负责制。尽管有的鉴定人从属于某司法机关或司法鉴定机构，但是，在法律意义上他们是自然人。鉴定实行独立鉴定原则，即鉴定人在不受任何个人或组织干扰的情况下，根据对鉴定客体检验的结果，独立地分析判断形成概念，得出结论；鉴定时只忠于法律、忠于事实、忠于科学、忠于鉴定人职责，不考虑本机关职能和利益。司法机关和鉴定机构的领导人也不能将其意见强加给鉴定人。鉴定人独立承担鉴定结论的技术和法律责任。鉴定结论的得出，也不实行像上述医学会专家鉴定时那样的少数服从多数的合议制。为了确保鉴定质量，实行鉴定人、复核人、签发人三级审核负责制。检验鉴定由两名以上的鉴定人参加，采用第一鉴定人负责制，即第一鉴定人对鉴定结论或意见的准确性负主要责任，其他鉴定人负次要责任；具有学科带头人地位的高级专业技术人员作为复核人，承担复核的责任；主管业务的行政负责人作为签发人，承担鉴定文书的签发责任。鉴定书上鉴定机构的鉴定专用章，只是代表鉴定人所在的司法机关或鉴定机构。鉴于这种鉴定人的个人负责制，受理医疗人身损害赔偿案件技术鉴定的法医学司法鉴定人，在鉴定时必然要采取十分认真负责的态度，花费较多的时间与精力去全面熟悉鉴定客体（尸体、活体、书证、物证等），查阅有关文献，咨询有关专家，然后独立地应用医学和法医学的理论，准确、客观、公正和科学地分析，得出鉴定结论。

（五）鉴定书内容重点不同

前已述及，鉴定的目的就是要解决行政处理和司法裁判过程中的一些疑难专业问题。在一般的诉讼中，法官可以比较明确地向鉴定人提出鉴定需要解决的问题，司法鉴定机构的鉴定人员由于具有专门的鉴定知识和经验，又有法律知识，长期与司法人员接触，因而比较容易理解法官所提出的鉴定目的，从而能够有针对性地完成鉴定任务，弥补法官在审判案件中医学专业知识不足的缺陷，尽可能令案件裁判科学、公正。

在涉及民事赔偿的医疗纠纷诉讼案件中，如果当事人没有特别强调违约问题，目前一般是将医疗损害事件当侵权纠纷来处理。因此，法官需要解决的问题是医疗损害事件是否符合侵权责任构成的四个要件，即损害行为、损害结果、损害行为与损害结果之间是否具有因果关系以及医疗行为本身是否具有过错。而其中后两个要件由于医疗行为的特殊性和专业性，法官难以判断真伪，即使医疗机构对这两个问题进行举证，法官也难以从医疗机构提供的证据中作出正确的判断。因此，法官更多地需要专业鉴定机构来解决这些问题。司法鉴定正是满足了法官的这一要求，而鉴定的主要任务是确定医疗机构在提供医疗服务过程中，是否存在过失或过错，过失或过错与患者目前状况（死亡或医疗损害后果）的因果关系，从而为法院确定在出现患者死亡或医疗损害时，医方的责任及责任大小提供依据。

（六）监督鉴定的力度不同

由于可能存在鉴定人的思想品德、职业道德、技术理论水平以及经验等的差别，无论是医疗事故的医学会专家组技术鉴定，还是医疗损害赔偿案件的法医学司法鉴定，都不能保证鉴定的绝对正确。因此，鉴定应该受到一定方式的监督。按照最高人民法院《关于民事诉讼证据的若干规定》，对鉴定的开庭“质证”就是监督与检验鉴定的一种很好的方式。诉讼中对证据的质证具有以下重要的作用：（1）质证是实现证据功能的必然要求，当事人对任何提供给法庭或在法庭上出示的证据，都享有发表意见、作出表态、予以质疑的权利。（2）质证是当事人为保证审判公正，使法官不能凭借自己的好恶或从某种利益出发来对是非问题加以判断，而是以某种特定化的、能反映客观公正的准则来解决纠纷，从而维护司法公正的诉讼权利。（3）质证时不仅当事人，而且法官都可以向鉴定人质询，因此是法院在法庭上审查、认定证据效力的具有关键作用的法定方式。因此，《民事诉讼法》第68条规定："证据应当在法庭上出示，并由当事人互相质证。"最高人民法院《关于民事诉讼证据的若干规定》第47条也规定："证据应当在法庭上出示，由当事人质证，未经质证的证据，不能作为认定案件事实的依据。"我国现行质证制度的内容和特点确定了诉讼当事人之间在诉讼过程中的平等地位，诉讼权利与义务的平等性，也确立了法官在诉讼中的中立地位，体现了司法审判的公正。诉讼当事人应当充分认识证据（尤其是技术鉴定）质证的重要性，充分运用自己要求证据质证的合法诉讼权利，以确保和维护司法审判的公正。医疗事故或者医疗人身损害赔偿案件的技术鉴定作为一种重要的民事诉讼证据，自然应当无例外地经过质证。所以，最高人民法院《关于民事诉讼证据的若干规定》第59条规定："鉴定人应当出庭接受当事人的质询。"质证时，应当围绕鉴定的客观性、关联性和合法性对鉴定人进行质询。除了应该询问鉴定程序、鉴定资格等一般性问题外，特别要注意鉴定结论有无客观的事实作为分析鉴定的基础，有无相应的法律法规、规章或技术常规，以及理论依据支持。

医学会组织的医疗事故或医疗事故争议技术鉴定的临床医学专家们，通常不愿意出庭接受当事人对鉴定涉及的技术问题的质询；他们参加的鉴定实行的是集体负责的合议制，鉴定书上没有他们个人的签名；《条例》中也没有要求鉴定人出庭质证的规定。所以，各地几乎看不到医学会参加鉴定的临床医学专家出庭接受质证。这样，他们的鉴定不能依法接受诉讼当事人和法庭的审查与监督，不能自然地作为认定案件事实的依据。但是，现实中确有个别法官，出于这样那样的原因，对这些医学会的技术鉴定不依法要求鉴定人出庭接受当事人的质证，就作为认定案件事实的依据。而且，甚至当当事人依法提出质证要求时，不依法给予支持，反而找各种借口加以阻拦。这种错误做法显然违背了上述法律法规的规定，有失公正。

在司法鉴定实践中，鉴定人出庭接受质询，回答鉴定过程中有关技术性问题，已较为普遍。司法鉴定人并不是自发地乐于出庭质证，这其中相关法规的制定功不可没。2005 年 2 月 28 日，第十届全国人民代表大会常务委员会第十四次会议通过的《关于司法鉴定管理问题的决定》规定，在出现争议鉴定结论时，鉴定人必须根据法官的要求出庭作证，否则承担相应的法律后果。《司法鉴定人登记管理办法》则明确了对应当出庭而拒不出庭的鉴定人的制裁和惩罚措施，《司法鉴定人登记管理办法》第 22 条第 6 项规定司法鉴定人应当依法出庭作证，回答与鉴定有关的询问。第 30 条规定司法鉴定人有下列情形之一的，由省级司法行政机关给予停止执业 3 个月以上 1 年以下的处罚；情节严重的，撤销登记；构成犯罪的，依法追究刑事责任：（1）因严重不负责任给当事人合法权益造成重大损失的；（2）具有本办法第 29 条规定的情形之一并造成严重后果的；（3）提供虚假证明文件或者采取其他欺诈手段，骗取登记的；（4）经人民法院依法通知，非法定事由拒绝出庭作证的；（5）故意做虚假鉴定的；（6）法律、法规规定的其他情形。以上规定对司法鉴定人出庭作证的义务给予法律上的强制，保证了鉴定人出庭作证，在诉讼中确实收到很好的效果，改变了以往司法鉴定人不出庭的做法。因此，在调查中大部分司法鉴定专家认为医学鉴定专家也完全应当出庭质证。

（七）鉴定机构的资质和效力

根据规定，前两种鉴定机构均是医疗机构所在地负责首次医疗事故技术鉴定工作的医学会。任何一方当事人对首次医疗事故技术鉴定结论不服的，可以自收到首次医疗事故技术鉴定书之日起 15 日内，向原受理医疗事故争议处理申请的卫生行政部门提出再次鉴定的申请，或由双方当事人共同委托省、自治区、直辖市医学会组织再次鉴定。必要时，对疑难、复杂并在全国有重大影响的医疗事故争议，省级卫生行政部门可以商请中华医学会组织医疗事故技术鉴定。这样就形成了医疗事故鉴定的三级鉴定体系，其中第一级为设区的市级和省、自治区、直辖市直接管辖的县（市）级地方医学会，第二级为省、自治区、直辖市医学会，第三级为中华医学会。并且《医疗事故技术鉴定暂行办法》规定县级以上地方人民政府卫生行政部门对发生医疗事故的医疗机构和医务人员进行行政处理时，应当以最后的医疗事故技术鉴定结论作为处理依据，表明在卫生行政处理中鉴定结论是有效力等级的。这样的鉴定级别设置有一定的积极意义，它为合理利用鉴定资源、提高医疗事故鉴定效率提供了有利条件，并为医患双方在认为医疗事故鉴定出现不当结论时提供了简单、直接的救济措施，使医患双方在认为医疗事故鉴定存在偏差的情况下可选择进一步鉴定的途径。但这种设置又带来其他的问题，在医疗事故鉴定中，不同级别的医学会可能会出具不同的鉴定结论，如何评判这些不同结论，是否下级医学会必须承担出具不同鉴定结论的责任，都是在现实工作中比较棘手的问题。

为了打破某些地区存在的地方保护主义，充分发挥权威专家的作用，2005年年初全国人大常委会通过的《关于司法鉴定管理问题的决定》中明确指出司法技术鉴定没有上下级之分，不受地理区划的限制，可以跨地域接受司法技术鉴定的委托。它可以打破某些地方仍然存在的地方保护主义，充分应用和发挥权威司法鉴定机构和权威司法鉴定人的技术优势，更有利于确保司法鉴定的科学性、公正性和接受监督性。因为某一个地方的司法鉴定机构及其鉴定人也有可能与当地的医疗机构及其医务人员保持着某种不同程度的利益和利害关系，在鉴定过程中可能会使鉴定结论丧失应该具有的客观公正性。异地的鉴定机构和鉴定人员就能少受这些干扰，相对独立、客观公正地从事鉴定。

第二节　医疗损害鉴定两法衔接的困境

一、错将符合标准的医疗事故鉴定作为刑事立案的前置性程序

根据刑事诉讼法的规定进入刑事诉讼程序的标志是立案，对于医疗事故罪而言应该由公安机关负责立案侦查。公安机关立案材料来源主要包括受害人及其家属的控告、医疗单位或者他人的举报、医务人员的自首以及相关行政机关对涉嫌构成犯罪的医疗事故案件的移交等。但经不完全统计，医疗事故刑事案件大部分都是通过当事人或其家属的控告而立案的。并且医疗事故刑事案件存在严重的立案难问题。这是因为，在被害人或其家属到公安机关报案的时候，由于医疗事故的特殊性质，公安机关会要求当事人提供医疗事故技术鉴定文书，而且鉴定结论必须是一级甲等、一级乙等或二级甲等加上全部责任，才会予以立案。

我国《刑事诉讼法》第 83 条规定："公安机关或者人民检察院发现犯罪事实或者犯罪嫌疑人，应当按照管辖范围，立案侦查。"第 86 条规定："人民法院、人民检察院或者公安机关对于报案、控告、举报和自首的材料，应当按照管辖范围，迅速进行审查，认为有犯罪事实需要追究刑事责任的时候，应当立案。"可见刑事案件立案的前置条件是"认为有犯罪事

实，需要追究刑事责任”，如何确定是否具有犯罪事实应该由司法机关进行实体审查，而不应该通过医疗事故技术鉴定所确定的结论来判断。只要法律没有明确将取得什么样等级的医疗事故技术鉴定结论作为立案标准，那么司法机关在立案时就不应该将达到标准的医疗事故技术鉴定结论作为立案的前置性条件。

二、对医疗事故鉴定结论在刑事诉讼中的证据效力认识有误

有学者在调查时发现，很多办案人员在办理医疗事故案件时存在着片面依靠“医疗事故技术鉴定结论”决定案件性质的问题，也存在着直接把“医疗事故技术鉴定结论”当作刑事证据使用的问题。这其实都大大影响了办案质量和水平。

根据《刑事诉讼法》第48条规定：“可以用于证明案件真实的材料都是证据”，“证据必须经过查证属实，才能作为定案的根据”，此法条指出了刑事诉讼证据的三个特征即客观性、相关性和合法性。然而，在司法实践中存在部分法院直接把医疗事故技术鉴定结论作为医疗事故案件最后判决依据的现象。事实上，无论是医疗事故技术鉴定还是医疗事故司法鉴定，都属于鉴定结论，根据法律规定，所有证据都必须开庭出示，并经当事人质证，未经质证的证据不得作为定案的依据。法官即使将医疗事故技术鉴定的结论作为判决依据也必须像其他证据一样进行分析论证等实质性审查。以南京市鼓楼医院2005年

至2009年5年期间的医疗纠纷案件为例，进行医疗事故技术鉴定的案件有46例，其中有12例案件既进行了医疗技术鉴定，同时也进行了司法鉴定，可见医疗事故技术鉴定的证据效力并不是当然的，而是需要进行审查、判断、质证，在法官心中形成确信才能被采纳作为定案依据。

三、知识跨度的障碍

刑事医疗过失鉴定启动的前提是医疗纠纷案件诉诸刑事司法程序。正如前文所述，对于进入刑事司法程序的医疗事故罪绝大部分系因为造成就诊人死亡的案件，由公安机关立案进入刑事司法程序，在提起公诉及审判阶段产生刑事医疗过失鉴定，鉴定的启动应该包括公安机关、检察机关和审判机关。对于刑事医疗过失鉴定机构的选择，从目前国内的案例看，绝大多数司法机关选择由各级医学会下设的医疗事故鉴定机构进行鉴定。鉴定的内容主要包括医疗行为有无过错、患者损害后果（包括伤残等级）、过错与损害后果之间是否存在因果关系、过错在医疗损害后果中的责任程度等。实际上，即便是完成了鉴定程序，从医疗事故罪的犯罪构成上看，对于“严重不负责任”之判定系主观之判定，仍然需要由法官进行心证与判定。法律范围内的事由，即医务人员违反刑法上的“注意义务”成立、限制或阻却之判断，则需要法官根据鉴定意见及法律知识进行裁判。现实的困境是，从鉴定程序的开端，就没有考虑到刑法介入医疗行为的评价，所以其结果必然是民事优先原则，过度放纵了存在严重过失的并造成重大医疗损害后果的医疗行为，没有受到应有的刑法上的评价。

四、鉴定意见与刑事司法判定衔接之惑

理想状态的刑事医疗过失的认定必须经过临床上事实的认定、医学上的评价和法的评价。[1]法的评价是刑事医疗过失成立与否判定的主要依据。《刑法》第335条罪状规定，医疗事故罪的构成主要包括两个方面：一是医务人员“严重不负责任”；二是“造成就诊人死亡或者严重损害就诊人身体健康的”。这两方面是必须兼备的，而后者中“死亡”与“严重损害就诊人身体健康”，以及医疗行为与损害结果之间的因果关系之鉴定纯属临床医学（含法医）认定之范畴，不难发现对于上述内容具有高度认知的肯定是医疗人。因此，留给法官自由裁量的空间，即在于对未造成死亡之案例，是否“严重”损害健康，其不负责任之程度是否“严重”，以及鉴定意见的证明力在大陆法系即为法官自由心证之内容。当然，法官在定罪过程中须在认清“事实”的基础上严格按照医疗事故罪之构成要件进行判定。对于医疗过失犯罪的法律判断必须建立在医学事实与因果关系判断的基础上。因此，法官在认定事实的基础上，须抽象到过失犯罪之构成要件，进行法律上的衡量和裁判。

1. 夏芸：《医疗事故赔偿法——来自日本法的启示》，法律出版社2007年版，第244页。

第三节　境外医疗损害鉴定两法衔接的考察

从制度层面，两大法系均视鉴定意见为证据的一种，因此鉴定人究其本质实为证人。两大法系主要国家和地区在医疗过失鉴定制度方面各有千秋，均有值得借鉴之处。

一、英美法系刑事医疗过失鉴定

英美法系鉴定人证人属性十分明显，专家证人在法庭之地位与一般证人基本相同，在当事人主义的诉讼模式下，其要旨是控辩平衡。[1]根据《美国联邦证据规则》第702条之规定，“如果科学技术或其他专业知识有助于事实判断者理解或者确定事实，凭其知识、技能、经验、训练或者教育能够为专家的证人，可以用意见或者其他方式作证”。与一般证人相比，专家证人最大的不同在于，专家证人在其提供的证言范围内，必须具有某一领域特殊专业的知识、技能和经验。专家证人提供的意见需基于案件事实，结合其专业，经过严密的推理，得出某种倾向性的推论，而一般证人只是就其所见所闻陈述事实。专家证人接受询问和反询问，通过法庭对抗，为陪审团和法官作出科学判断提供依据。专家证人所作的鉴定意见产生的证明

1. 王海军：《证明过程的成本分析——以当事人主义刑事审判模式为对象》，《证据科学》2011年第4期。

力主要取决于陪审团和法官是否认同，并不当然产生约束力，[1] 采信与否或者部分取舍主要通过陪审团和法官的心证进行自由裁量，并根据内心确认程度对事实进行认定。[2]

美国各州有关医疗法律的规定及对提交专家证言的要求不尽相同。加利福尼亚州等多数州，原告必须出具专家证言，证明过失存在，否则无法立案。得克萨斯州等州，必须要在初步立案后的规定时间内提交对每一被告的专家鉴定意见。犹他州等个别州，原告可以在庭审时出示专家证言。开刀部位错误等极个别情况，一般人凭常识就可以判断为显著过失，原告不需要提交专家证言。阿拉斯加州则规定当事人未就医疗纠纷专家小组协助调查，法院不予受理医疗纠纷案件。

美国多数州设有主要由医学专家、法律专家组成的“医疗法律评审小组”“调解评审小组”之类的评审仲裁机构，多数州在诉讼前必须经过评审或仲裁，评审内容包括是否构成医疗事故或同时进行仲裁，仲裁结论多数无强制性。各州对评审小组人员组成及鉴定人资格要求不一。有些州评审小组提供的专家鉴定意见或仲裁结论不作为证据向法院提交，但特拉华州、马里兰州、马萨诸塞州必须有专家证言支撑，评议小组的专家鉴定意见和仲裁结果将提交法院并推定为正确，除非法院取消。

1. See U.S.Government Printing Office Washington, Federal Rules Of Evidence, 15（2010）.
2. 王旭：《医疗过失技术鉴定研究》，中国人民公安大学出版社 2009 年版，第 47—48 页。

有些州的医疗事故处理法规定，不接受评审小组的意见或仲裁结论，若诉讼败诉或判决结果低于仲裁意见，将要承担相应的法律费用。[1]

英国设有“医疗管委会”，区分医师的责任为“刑事责任”“民事责任”和“行政责任”三种。医师的“刑事责任”之分界为触犯“重大不正当行为”，包括（1）医师触犯刑事犯罪者，但交通意外与轻罪除外；（2）医师连续或重复的诊断、治疗错误；（3）严重侵犯病人的隐私权；（4）对病人性侵害；（5）于财务申报或者诊治病患、研究工作之欺诈行为；（6）滥用药物等行为。[2]

二、大陆法系刑事医疗过失鉴定

大陆法系国家和地区中，鉴定人之资格在接受案件鉴定之前即被赋予。鉴定人通常被视为法院的辅助人和法官之助手。德国在有关行政区域设医事鉴定委员会，负责刑事和民事医疗事故的鉴定。日本的医疗事故鉴定有些特殊，主要通过行业自治，日本医师会下设“医疗事故调查会”和“医疗过误鉴定委员会”，但不直接受理法院的委托。[3]法院设有包括医学专业的“鉴定委员”，在处理案件时由3人组成“鉴定委员

1. 高也陶：《中美医疗纠纷法律法规及专业规范比较研究》，南京大学出版社2003年版，第289—230页。
2. 葛谨：《医疗鉴定与审判之瑕疵》，《台湾医界》2009年第6期。
3. 林文学：《医疗纠纷解决机制研究》，法律出版社2008年版，第227—229页。

会”，但只向法官陈述他们的意见，之后又成立了“医事关系诉讼委员会”，[1] 主要由医师和法学界、社会人士组成，负责向审判、调停、仲裁提供意见，整理医学会各专科学会提供的鉴定人推荐名单、向法院提供鉴定人候补名单等。“鉴定委员”和“医事关系诉讼委员”并不作为专家证人出庭。鉴定时，由法院去寻找鉴定专家，也可能从“鉴定委员”中选择，既往寻找医疗事故鉴定人是非常困难的，医生大多不愿意做此项工作。

在我国台湾地区，医疗事故鉴定多由“卫生署”下设“医事审议委员会”(简称医审会)负责，该机构有委员14—24人，均由不具民意代表、医疗法人代表身份之医师、法学专家、学者及社会人士遴聘之，其中法学专家及社会人士之比例，不得少于三分之一。医审会不收鉴定费用，以接受刑事医疗鉴定为主。一般由法院送请，医审会选送有关医学中心、医学院校等具备鉴定条件和能力的机构，由其提出鉴定意见再送交医审会修改完善。各大医学中心、医学院或教学医院也办理医疗事故鉴定，法院经常同时安排几个地方进行医疗事故鉴定以互相比较。近年来，法院开始设立关于医疗案件的“专家咨询小组”。此外，我国台湾地区刑事诉讼有关规定分别规定了另行鉴定和审查鉴定。“鉴定不完备者，得命增加人数或命他人继续或另行鉴定”，有关另行鉴定的启动权通常在委托机关

1. 日本鉴定委员会规则（第4号条例日本最高法院太阳昭和24年）。

之检察署或法院。[1]

两大法系对刑事医疗过失的鉴定理念和特点植根于其法律制度和文化，诚如澳大利亚学者 Ian Freckelton 所言："一个国家的法文化往往影响到国民的诉讼行为，也影响到专家证人作证的环境。"[2] 两大法系代表国家和地区对医疗过失的共性，即都未赋予医务人员刑事豁免权，对重大医疗过失行为都有追究刑事责任的制度设计。英美法系的专家证人，在对抗理念下，至关重要的是当事人均有机会挑战对方所出示的信息。法庭处于一种被动的地位，为当事人双方提供公平公正的平台。不过，一般而言，兼有鉴定人属性的专家证人之立场与雇主的立场高度一致，而大陆法系对刑事医疗过失鉴定之主体一般有严格的准入资格要求，英美法系对鉴定人资格管理则较为宽松，没有严格的标准。关于鉴定意见的可采性，大陆法系国家和地区刑事医疗过失鉴定意见是否具有证明力，主要经由法官来判断，而对于专业性极强的医疗过失领域，法官很容易被鉴定意见左右。在英美法系，陪审团之于专家意见证明力之审查，主要通过法庭辩论，专家意见的可信度更多依赖专家证人在法庭的表现。当然就英美法系国家相关立法而言，在医疗领域专家证人和医学专家的庭审外所为的鉴定意见，正不断受到重视。

1. 蔡墩铭：《医事刑法要论（第二版）》，台湾翰芦图书出版有限公司 2005 年版，第 274—275 页。
2. Ian Freckelton, Judicial Atitudes Toward Scientific Evidence: The Antipodean Experience, 30 U.C.Davis L Rew, 117, 1142.

两大法系医疗过失鉴定人制度之不足，在于英美法系专家证人制度中的过度对抗和大陆法系国家和地区中鉴定人制度的缺乏对抗。这对刑事医疗过失中发现真相都是不利的，也是我们在今后司法实践中需要引起重视的。两种模式融合与借鉴，更有利于推动我国刑事医疗过失鉴定制度的改革与创新。

第四节　医疗损害鉴定两法衔接之思考

我国现阶段存在医疗事故鉴定和司法鉴定“二元化”模式，而刑事医疗过失鉴定证明之要求比一般医疗过失要高得多，如何将现有的鉴定模式进行改革，满足医疗损害民事和刑事案件的需求，即如何将两种模式的鉴定在医疗损害两法衔接中很好地过渡，笔者以为以下几个方面应进行改善：

一、拓宽重大医疗过失进入刑事程序的渠道

我国医疗纠纷案件逐年增加，因医患矛盾而产生的恶性案件频发，但从实际情况看，鲜有医生受到刑事制裁。前文已述，主要原因在于目前医疗纠纷法律上的解决机制存在缺陷所致。因此，在当前伦理不张、利益驱动的医疗现状下，适时高悬“达摩克利斯之剑”十分必要。笔者认为，首先，有必要进一步完善医疗事故罪立案标准，使公安机关介入医疗纠

纷案件的处理，能够有比较明确的标准。或者是对造成患者死亡或者重伤的恶性医疗案件，患者家属有权提请自诉。其次，从程序上明确医疗事故的鉴定并非处理医疗事故案件的必经程序，不是公安机关进行刑事立案的前提条件。再者，启动医疗事故鉴定的主动权应该在司法机关，对于特别明显的医疗事故，公安机关有权依照刑事诉讼法的规定进行立案、侦查，卫生行政部门处理涉嫌医疗事故犯罪案件时，应当及时移交司法机关，使重大医疗过失案件得以及时进入刑事司法程序。

二、医疗过失鉴定主体的衔接

有关医疗过失之鉴定，不论是刑事还是民事，参照两大法系代表国家之做法，应当由相应学科的医疗专家为主组成鉴定小组实属应有之义，现代医学高度专业化发展之结果，即造成任何一位医师只能在其所从事的领域内成为专家，对其专科之外的专业领域，很难具备鉴定人之能力。简言之，心内科的医生对肾内科医生所为之医疗行为是否疏失鉴定，属于超能力范围的工作，也绝非一般鉴定人所能为之。因此，在现行的体制下，不应该将医学会下设的医疗事故技术鉴定模式撤除，将所有医疗过失鉴定统一于司法鉴定其利大于弊。但于医疗事故鉴定而言，现行司法鉴定体制先天不足，故严格规范医疗事故鉴定委员会的运作机制，形成相对统一的医疗事故鉴定体系，是相对科学且符合我国实际的。有学者甚至设计了医学会体系下医疗损害鉴定“转正”的三种途径。[1]

在各级医学会下设医疗事故鉴定委员会，分为地市级、省级和中华医学会三级，形成统一的医疗事故鉴定制度，并与侵权责任法之医疗侵权中相关鉴定之规定衔接。在医疗事故鉴定委员会中需有刑事医疗鉴定委员会，参酌大陆法系国家及我国台湾地区有关规定形成刑事医疗事故处理委员会，由各科医疗专家、法律专家、法医学专家和社会人士按照一定的比例组成，并明确刑事医疗过失鉴定的程序和制度。坚持以医疗专家为主，主要是因为刑事医疗过失鉴定之本质、案件争议之内容属临床医学相关学科专门性知识和技能，临床医疗专家才能作出比较科学、客观、公正的医学上的评价。[2] 为提高刑事医疗过失鉴定专家之专业水平，有关鉴定医学专家的人选，一般情况下应由医学会从相关学科具有高级职称的医生中选聘。法律专家的参与主要考虑到刑事医疗过失涉及医务人员的刑事责任，法律专家可以从过失医疗行为在法律上的评价的角度进行分析、提供意见，特别是以“注意义务”为核心的刑事医疗过失认定中，有关限缩、免除医务人员刑责的刑法理论，比如“信赖原则”“团队医疗的监督过失”等对判断刑事医疗过失是否成立尤为重要。法医学专家的介入，主要是因为少数案件，因患者死因不清或者需要确定伤残等级。这不是临床医学专家

1. 陈志华:《医学会从事医疗损害鉴定之合法性研究》,《证据科学》2011 年第 3 期。
2. 刘鑫、梁俊超:《论我国医疗损害技术鉴定制度构建》,《证据科学》2011 年第 3 期。

的特长，吸收少量的法医学专家参加鉴定，可以弥补临床医学专家的经验空白。正如社会法学派的代表人物霍姆斯大法官曾说："法律的生命不在于逻辑，而在于经验。"吸收少量社会人士参与鉴定，使得鉴定不限于技术和逻辑的判断，在坚持科学性的同时，适度考虑其合理性和社会效应。

法官非医疗专家，必须借助于提供鉴定意见的医疗专家，因而鉴定人在刑事医疗过失判断过程中至关重要。但鉴定人提供的系专家意见，也即在医疗领域有关问题之法律上的评价必须由法官来完成，否则鉴定人就成了"法官"。刑事医疗过失的鉴定意见形成及所依赖之知识与技术，对于法官而言，由于知识跨度的原因，很难进行实质性审查。而鉴定人也不会基于法官判断之思维提供鉴定意见。因此，客观上需要鉴定人就完成鉴定之基础条件、研究方法、知识、技术进行必要说明，以期得到法官及当事人的理解。而法官在是否采信，以及基于鉴定意见形成心证后的判决，作出判定理由。

三、建立刑事医疗过失鉴定意见的审查机制

未作解释的判决是可怕的，审判法官不仅有义务明确已经认定的事实，而且有义务阐明各项证据导向特定事实的推理过程。刑事医疗过失鉴定意见在我国对法官裁判有着十分重要的影响。正是基于此原因，对刑事医疗过失鉴定意见的科学性审查才显得尤为重要。医生有无罪责，必须经过严格的证明程序。鉴定意见的证明程度，及医师具有医疗疏失的犯罪事

实，必须达到排除合理怀疑之程度，法官方能作出业务过失之判决。我国台湾地区“医疗法”第83条规定：“司法院”应在法院设立医事专业法庭，由具备医事相关专业知识或审判经验之法官办理医事纠纷诉讼案件。在司法实践中客观上存在鉴定意见直接决定审判结果的情况和鉴定人主导裁判的局面。但法院应充当好“守门员”之角色，应就是否使用鉴定领域普遍认可之技术，有无潜在的过错，鉴定过程是否经过其他鉴定人重复确认，有无出版物支持，是否为普遍所接受的准则以为参考等，以判定鉴定意见的证据能力。鉴定报告之审查前提即是鉴定人需要就结果形成之过程进行周详的说明。法庭之审查应当包括：（1）主体是否合法，鉴定人资格，是否为该领域专家；（2）鉴定程序是否正当，包括有无应当回避而没有回避情形，少数人意见是否记录在案等；（3）鉴定材料、方法、技术、说明十分详实，这是形成鉴定意见的基本依据，也应该是法官的审查重点；（4）是否有鉴定人受到威胁、收买等影响鉴定意见客观公正的干扰因素；（5）鉴定意见书是否符合形式上的规范等。[1] 鉴定意见即为鉴定人根据其专业知识、经验所得之事实，所使用知识是否与案件在法律上的判断具有关联性，是否有违证据法则，或与争议焦点是否具有关联性，鉴定意见证明力之基础，需要由法官加以判断。

此外，在法官普遍缺乏医学知识的前提下，改变法官过度

1. 冯卫国：《医疗事故罪刑事诉讼中的若干问题研究》，《山东公安专科学校学报》2002年第1期。

依赖鉴定意见的最佳途径就是对相关领域的法官进行一定的医学知识教育和培训，为推进医疗过失审判专业化，甚至可以借鉴大陆法系有关国家和地区的经验，成立医事法庭。或者借鉴英美法中专家证人制度，通过形成鉴定意见对抗的机制，帮助法官发现真相。

四、构建刑事医疗过失鉴定的层级制度

我国幅员辽阔，不可能在全国设立单一的刑事医疗过失鉴定机构。考虑到刑事医疗过失鉴定数量有限，质量要求较高，且以地级市医学会为单位，范围太小，容易有过多的人为因素，进而影响鉴定意见的客观公正。有必要在省级医学会下设刑事医疗委员会，主要以解决刑事医疗纠纷案件为主。可采取二级鉴定体系，也即对省医学会鉴定意见有异议的，可以同级申请外省医学会下设的相关医疗鉴定机构实施鉴定，对该鉴定意见仍有争议的，可以向中华医学会申请其下设的刑事医疗鉴定委员会做最终鉴定。有必要进一步完善复核鉴定之监督程序、配套刑事医疗过失鉴定人必须出庭制度以及刑事医疗过失鉴定费用以国家承担为主的机制等。[1]

1. 王竞：《论建立我国刑事司法鉴定层级制度》，《法治论丛》2003 年第 3 期。

第六章　医疗损害两法衔接的立法研究

第一节　两法衔接立法现状分析

医疗损害的民事责任在《侵权责任法》第七章中进行了详细的规定，尽管刑法和侵权责任法调整的社会关系是各不相同的，但是，刑法只有在侵权责任的调整下，才能有效地保护侵权法的民事权益，包括生命权和健康权等。侵害公民和法人的合法权益的行为，只有在情节严重并构成犯罪的情况下，才应受到刑法的制裁。对严重侵权行为的定罪建立在罪与非罪的严格区别的基础上，而此种区别在很大程度上不过是严重侵权行为和一般侵权行为的区别。侵权责任法律规范与刑法法律规范在立法上的衔接，使对医疗损害的违法行为给予无缝隙的遏制。

然而，在两法衔接实践中，依然存在有案不移、案件移送司法机关后处理率低等一系列问题。这些问题的出现，与两法衔接的立法不完善直接相关。

一、医疗损害民事侵权立法的现状及特点

我国目前对医疗损害民事责任的承担，主要反映在《侵权

责任法》第七章，专章规定了医疗损害责任的内容，主要包括以下内容：

第54条，患者在诊疗活动中受到损害，医疗机构及其医务人员有过错的，由医疗机构承担赔偿责任。第55条，医务人员在诊疗活动中应当向患者说明病情和医疗措施。需要实施手术、特殊检查、特殊治疗的，医务人员应当及时向患者说明医疗风险、替代医疗方案等情况，并取得其书面同意；不宜向患者说明的，应当向患者的近亲属说明，并取得其书面同意。医务人员未尽到前款义务，造成患者损害的，医疗机构应当承担赔偿责任。第56条，因抢救生命垂危的患者等紧急情况，不能取得患者或者其近亲属意见的，经医疗机构负责人或者授权的负责人批准，可以立即实施相应的医疗措施。第57条，医务人员在诊疗活动中未尽到与当时的医疗水平相应的诊疗义务，造成患者损害的，医疗机构应当承担赔偿责任。第58条，患者有损害，因下列情形之一的，推定医疗机构有过错：（一）违反法律、行政法规、规章以及其他有关诊疗规范的规定；（二）隐匿或者拒绝提供与纠纷有关的病历资料；（三）伪造、篡改或者销毁病历资料。第59条，因药品、消毒药剂、医疗器械的缺陷，或者输入不合格的血液造成患者损害的，患者可以向生产者或者血液提供机构请求赔偿，也可以向医疗机构请求赔偿。患者向医疗机构请求赔偿的，医疗机构赔偿后，有权向负有责任的生产者或者血液提供机构追偿。第60条，患者有损害，因下列情形之一的，医疗机构不承担赔偿责任：（一）

患者或者其近亲属不配合医疗机构进行符合诊疗规范的诊疗;(二)医务人员在抢救生命垂危的患者等紧急情况下已经尽到合理诊疗义务;(三)限于当时的医疗水平难以诊疗。前款第一项情形中,医疗机构及其医务人员也有过错的,应当承担相应的赔偿责任。第61条,医疗机构及其医务人员应当按照规定填写并妥善保管住院志、医嘱单、检验报告、手术及麻醉记录、病理资料、护理记录、医疗费用等病历资料。患者要求查阅、复制前款规定的病历资料的,医疗机构应当提供。第62条,医疗机构及其医务人员应当对患者的隐私保密。泄露患者隐私或者未经患者同意公开其病历资料,造成患者损害的,应当承担侵权责任。第63条,医疗机构及其医务人员不得违反诊疗规范实施不必要的检查。第64条,医疗机构及其医务人员的合法权益受法律保护。干扰医疗秩序,妨害医务人员工作、生活的,应当依法承担法律责任。

从以上规定的违法内容上,我们可以发现医疗侵权行为在责任主体、主观形式、责任的承担方式上存在以下特点:

(一)责任主体

医疗损害侵权责任的责任主体只能是医疗机构。依据《侵权责任法》第34条:“用人单位的工作人员因执行工作任务造成他人损害的,由用人单位承担侵权责任。”以及最高人民法院《关于适用〈中华人民共和国民事诉讼法〉若干问题的意见》第42条规定:“法人或者其他组织的工作人员因职务行为或者授权行为发生的诉讼,该法人或其他组织为当事人。”医务人员作为雇员，他们的职务、医疗损害责任行为是依据雇佣合同所为的行为，应当视为法人或雇主的行为，因而产生的侵权责任应当由法人或雇主承担，所以法人即医疗机构是医疗损害的责任主体。

（二）主观形式

医疗损害侵权责任只能是过失，不存在故意。医疗损害责任包括医疗技术损害责任、医疗伦理损害责任和医疗产品损害责任三种不同类型的医疗损害责任。医疗技术损害责任，违反医疗常规、规程，违反医学原理造成患者损害的，适用的是过错责任原则。医疗伦理损害责任，违反保密义务、告知义务等医疗伦理、良知等造成患者损害的，适用过错推定责任，直接推定医疗机构存在过失，除非医疗机构能够证明自己的医疗行为不存在过失，否则应承担赔偿责任。医疗产品损害责任，药品、消毒制剂、医疗器械以及血液和血液制品造成受害人损害的，适用无过失责任原则，缺陷的医疗器械、药品、消毒用品以及输血等造成患者损害的医疗产品损害纠纷类似于产品责任。

（三）责任的承担方式

医疗损害的民事责任实质上是一种侵权损害赔偿。《医疗事故处理条例》第 49 条、第 50 条在医疗事故赔偿中规定，应当考虑以下因素：医疗事故等级、医疗过失行为在医疗事故损害后果中的责任程度、医疗事故后果与患者原有疾病状况之间的关系。赔偿的项目包括以下方面：医疗费、误工费、住院伙食补助费、陪护费、残疾生活补助费、残疾用具费、丧葬费、被扶养人生活费、交通费、住宿费、精神损害抚慰金。

二、医疗损害刑事立法的现状及特点

首先，在立法模式上，我国除了在《刑法》第335条规定了医疗事故罪的刑事责任之外，还在其他一些卫生行政法律、法规、规章中以附属刑法规范的形式对医疗过失的刑事责任加以具体规定。

例如，《执业医师法》第37条规定："医师在执业活动中，违反该法相关规定，有下列行为之一，情节严重，构成犯罪的，依法追究刑事责任：（一）违反卫生行政规章制度或者技术操作规范，造成严重后果的；（二）由于不负责任延误急危患者的抢救和诊治，造成严重后果的；（三）造成医疗责任事故的；（四）未经亲自诊查、调查，签署诊断、治疗、流行病学等证明文件或者有关出生、死亡等证明文件的；（五）隐匿、伪造或者擅自销毁医学文书及有关资料的；（六）使用未经批准使用的药品、消毒药剂和医疗器械的；（七）不按照规定使用麻醉药品、医疗用毒性药品、精神药品和放射性药品的；（八）未经患者或者其家属同意，对患者进行实验性临床医疗的；（九）泄露患者隐私，造成严重后果的；（十）利用职务之便，索取、非法收受患者财物或者牟取其他不正当利益的；（十一）发生自然灾害、传染病流行、突发重大伤亡事故以及其他严重威胁人民生命健康的紧急情况时，不服从卫生行政部门调遣的；（十二）发生医疗事故或者发现传染病疫情，患者涉嫌伤害事件或者非正常死亡，不按照规定报告的。”

此外，我国卫生部在 2000 年 7 月 10 日发布并实施的《医疗气功管理暂行规定》第 26 条规定：“未经批准擅自组织开展大型医疗气功讲座、大型现场性医疗气功活动，或者国家中医管理机构规定必须严格管理的其他医疗气功活动，情节严重构成犯罪的，依法追究刑事责任。”

2002 年 4 月国务院公布的《医疗事故处理条例》第 55 条规定：“医疗机构发生医疗事故，情节严重的，对负有责任的医务人员依照《刑法》关于医疗事故罪的规定，依法追究刑事责任。”

除此之外还有其他地方条例、办法、实施意见等相关规定，在此不详细列出。从总体来看，我国在与医疗卫生相关的法律、法规、规章等规定中，在内容上都与《刑法》第 335 条关于医疗事故罪刑事责任的规定无很大差异，只是对后者的重申和具体化而已。

医疗犯罪的责任主体，是指实施危害社会的行为，依法应当负刑事责任的自然人和单位。自然人主体是我国刑法中最基本的、具有普遍意义的犯罪主体。单位犯罪在我国刑法中不具有普遍意义且具有其特殊性，[1] 这在医疗犯罪中尤为明显。分析刑法分则规定的医疗犯罪的行为主体中，除了少数特定的主

1. 高铭暄、马克昌主编：《刑法学》，北京大学出版社、高等教育出版社 2000 年版，第 87 页。

体，如医务人员、家庭接生员、被依法吊销医师执业证书的，其他大部分均为不特定主体，即所有可能实施医疗犯罪行为的自然人。

其次，在立法内容上，我国刑法中，对于医疗事故罪的主体只能是具有合法医师资格的医务人员，将其与“非法行医罪”区别开来。这项规定有别于外国的相关规定，国外及我国台湾地区刑法一般认为医疗过失属于业务过失的一种，因此大都以业务过失致人死亡罪和业务过失致人重伤罪的概括性罪名来追究医疗过失行为的刑事责任。同时从广义上认为，“没有行医资格的人无照行医等，也仍属于业务”。

再次，在法定刑的幅度上，根据我国《刑法》第335条的规定，医疗事故罪的刑事责任要低于其他过失犯罪的刑事责任。比如，若因医疗事故造成就诊人死亡的法定最高刑是3年有期徒刑，而依照我国《刑法》分则中对过失致人死亡罪、失火罪、过失放水罪、过失爆炸罪、过失投放危险物品罪、过失破坏交通工具罪的法定最高刑都是7年有期徒刑。而国外关于医疗过失犯罪包括业务过失致人死亡罪和业务过失致人重伤罪的法定刑，均规定要重于普通过失致人死亡或重伤犯罪的法定刑。

最后，在医疗过失刑事责任的承担方式上，我国刑法对医疗事故罪的刑罚仅限于拘役和有期徒刑的自由刑。相比国外刑法在处罚过失犯罪时，不仅包括自由刑，还包括财产刑和资格刑等多种刑罚种类，我国的这一规定显然过于单一，并且也不利于刑罚目的的实现。

第二节　医疗损害刑民两法在立法上的不足

一、在法定刑上的不足

医疗损害的民事承担侵权责任的方式主要有：（1）停止侵害；（2）排除妨碍；（3）消除危险；（4）返还财产；（5）恢复原状；（6）赔偿损失；（7）赔礼道歉；（8）消除影响、恢复名誉。承担侵权责任的方式，可以单独适用，也可以合并适用。

我国医疗事故罪的法定刑为 3 年以下有期徒刑或拘役，其法定最高刑仅为 3 年；过失致人死亡罪的刑度为 3 年以上 7 年以下有期徒刑；情节较轻的，处 3 年以下有期徒刑，其法定最高刑为 7 年；重大责任事故罪的刑度规定为 3 年以下有期徒刑、3 年以上 7 年以下有期徒刑，其法定最高刑为有期徒刑 7 年；同为业务过失犯罪的交通肇事罪法定刑度有 3 年以下有期徒刑或拘役、3 年以上 7 年以下有期徒刑、7 年以上有期徒刑三种，法定最高刑为 15 年；与这些犯罪相比，医疗事故罪的法定刑度单一、法定最高刑偏低，无论危害后果是严重损害就诊人身体健康，还是造成就诊人死亡，刑法只设置了一档量刑幅度。但损害身体健康和造成死亡是完全不同的危害后果，在刑法的配置上应有所体现。医疗事故罪的法定刑规定过于笼统，不仅不利于科学惩罚轻重不同的医疗事故犯罪，而且在惩罚力度上也极其有限。

在医疗损害两法衔接中，有关处罚结果的立法规定主要涉及不同处罚种类之间存在的衔接问题，如赔偿、恢复名誉、赔礼道歉等，与管制、拘役、有期徒刑之间应如何衔接，以及罚金刑之间的具体衔接等。对此，目前立法未有相应规定，司法适用中也存在较大的争议，这关系民事处罚与刑罚处罚结果衔接的具体处理。

“刑法具有保障人权的功能，但刑法中的人权只包括被告人的人权，而被害人的人权被认为是国家刑罚权存在的根据之一，属于主权的范畴，而人权是与主权相对应的，不能把刑法中的人权等同于被害人权利。”由于主权原则在刑事案件判决中居于核心地位，公诉人代表国家主权行使诉权，此时被害人的人权反而被忽视，被害人遭受人身损害的赔偿只能在附带民事诉讼中解决，被害人不仅没有得到应有的诉讼地位，而且以罪犯为本位的刑事诉讼容易使被害人受到的精神和物质损害难以得到补偿，被害人受到损害后的生活没有保障，这些对于被害人的人权都是不应有的忽视。国家一般认为犯罪侵犯的主要是国家利益和社会利益，国家通过公诉的同时，也代表被害人惩罚了罪犯，所以被害人的利益也得到了保护。在这种观念的影响下，被害人仅仅作为提供证据的一方，没有独立的诉讼地位，没有受到应有的重视。

二、立法的主体上衔接的困境

医疗损害侵权责任的责任主体只能是医疗机构。依据《侵权责任法》第 34 条："用人单位的工作人员因执行工作任务造成他人损害的，由用人单位承担侵权责任。"

医疗损害刑事责任的承担主体主要是医务人员，单位构成犯罪的罪名较少，如《刑法》第 334 条第 2 款规定的采集、供应血液、制作、供应血液制品事故罪规定："经国家主管部门批准采集、供应血液或者制作、供应血液制品的部门，不依照规定进行检测或者违背其他操作规定，造成危害他人身体健康后果的，对单位判处罚金，并对其直接负责的主管人员和其他直接责任人员，处五年以下有期徒刑或者拘役。"

惩罚医疗机构与医务人员之间存在困境。医疗领域，绝大多数单纯的过失案件一定程度上都是因为医院安全管理缺失，或者是医疗机构运转不适当或设备技术更新落后造成的，实际上医疗机构及其负责人应当承担一定的刑事责任。医疗机构或医疗组织问题得不到解决，仅仅处罚医生不能实现一般预防和个别预防的效果，无法从根本上解决问题。在医疗两法衔接立法规定中，违法犯罪主体上的衔接目前主要的问题是单位实施的医疗违法犯罪行为如何衔接。对于同一行为，医疗损害民事与刑事对处罚主体各有侧重。一方面，对于医疗侵权的处罚往往以处罚单位为主，如发生医疗损害后，司法部门首先对医疗机构给予相应的民事处罚，对于医务人员，则根据其对医疗损害中负有责任的轻重，判断是否移送司法机关追究刑事责任。另一方面，从医疗犯罪的刑法规范看，所有犯罪主体都为自然人，即刑事司法在于处罚个人。如果医疗犯罪主体不包括单位，则必将导致医疗民事违法主体与医疗犯罪主体范围上的不一致，从而对单位实施的医疗犯罪无法实施衔接。

大陆法系德、日等国通过有关监督过失理论和立法解决医疗机构的刑事责任问题；[1]而英美法系也有就医疗过失惩罚医疗机构的趋势。[2]

三、两法在立法内容上的困境

根据《侵权责任法》第57、58条的规定，医疗机构应当承担赔偿责任的情况：第一，医务人员在诊疗活动中未尽到与当时的医疗水平相应的诊疗义务，造成患者损害的。第二，医疗机构及其医务人员不得违反诊疗规范实施不必要的检查。

《刑法》第335条规定：医务人员由于严重不负责任，造成就诊人死亡或者严重损害就诊人身体健康的，处三年以下有期徒刑或者拘役。根据此条规定，医疗事故罪是指医务人员严重不负责任，过失造成就诊人死亡或者严重损害就诊人身体健康的行为。

《侵权责任法》和《刑法》中对医疗过错的判定标准没有

1. 监督过失的法理基础来源于日本的"森永奶粉事件"，广义的监督过失，包括管理过失，是指对组织体的安全体制负有管理义务的管理者由于没有建立好、维护好组织体的安全体制，管理不善与法益侵害结果发生有直接联系而构成的过失。
2. 美国威斯康星州医疗法人Chen.Bio社细胞技师因为误读子宫颈细胞诊断刮片，导致未能及时发现子宫癌，造成2名女性因为没有及时得到治疗而死亡的案件，法院以轻率罪起诉该医疗法人，判决罪名成立并处罚金刑。转引自于佳佳：《论英美过失处罚规则的历史变迁——以英美医疗过失刑事判例为素材》，《北大法律评论》2011年第2期。

衔接，这也使很多的医疗损害案件在不同的法院有些按民事案件处理、有些按刑事案件处理。因此，在立法内容上如何进行衔接，是目前我国医疗损害两法立法内容的困境。

纵观大陆法系各国（地区）刑事医疗过失立法的现状，一般均以“业务过失致死伤罪”或“过失致死伤罪”规制医疗过失行为，专设罪名的必要性值得商榷。德国学说上认为，轻率指一种显现特别高程度的注意义务违反的重大过失。德国最近一次刑法修正案系1996年官方提出的修正案草案，也是1998年德国所通过的第六次刑法修正案原始提案，其中草案第230条有关医疗过失的刑事责任规定如下：基于229条第1项之目的而对他人身体进行侵袭或医疗行为时，因医疗失误之过失造成他人健康损害者，处三年以下自由刑或罚金刑。[1]这一规定针对过失伤害部分立法，而对过失致死部分未立法，但新增这一条文未能获得通过，批评者认为该条文与过失伤害罪重叠，实无特别立法之必要，特别是新规定与过失伤害罪法定刑相同，对医师无益，且增加了法官在审判中的判断，须得解释、评价与区别医疗过失与一般过失的异同，增加了法官论罪的负担。[2]《日本刑法》第211条前段规定了业务上过失致死伤罪：怠于业务上必要的注意，因而致人死伤的，处五年以下惩役、监禁或者五十万元以下罚金；因重大过失致死伤的，亦同。英美两国有关刑事医疗过失的案例从19世纪开始就从未间断，

1. 王皇玉：《德国医疗刑法论述概述》，《月旦法学杂志》2009年第7期。
2. 转引自王皇玉：《德国医疗刑法论述概述》，《月旦法学杂志》2009年第7期。

医疗过失的判定标准也从限定为“主观轻率”发展到“疏忽大意”，并逐渐向刑事过失判断标准客观化的趋势，对极端恶劣的轻率重罪化。[1]

第三节 医疗损害两法衔接的立法完善

通过分析我国对医疗过失民事、刑法规制的立法规定，同时对比外国先进国家的相关理论和规定，可以看出我国在立法规定上的缺陷和不足，两法之间缺少一个桥梁将两法有效地衔接，以及如何进行衔接？从哪几个角度进行？学者们对如何进行完善的争论也很多。笔者认为，对医疗过失民、刑两法规制的衔接可以从以下几方面进行：

一、我国立法上对于在民事立法中适当扩大处罚性赔偿

我国立法上对于公法私法化和私法公法化的发展趋势应该加以重视，针对此种情况，笔者建议对民事责任和刑事责任传统的承担范围和方式加以改变，在保持原有法律体系独立性的基础上，针对这种新的发展趋势予以适当调整。例如可以进一步加大民事责任中惩罚性责任的适用范围，克服刑事责任以往补偿性不足的弱点，强化损害赔偿。应当积极吸收两种责任各

1. 于佳佳:《论英美过失处罚规则的历史变迁——以英美医疗过失刑事判例为素材》,《北大法律评论》2011 年第 2 期。

自的优点，通过优势互补更好地完善法律责任制度。

（一）民法中惩罚性赔偿的法理基础

惩罚性赔偿具有明显的制裁功能和预防功能。惩罚性赔偿就是要对故意或者恶意的不法行为实施惩罚，与补偿性的损害赔偿不同，后者等于以同样的财产交换损失，在性质上是一种交易，对富人难以起到制裁作用，甚至使民事赔偿法律为富人所控制。“而惩罚性赔偿则通过给不法行为人强加更重的经济负担来制裁不法行为，从而达到制裁的效果。通过惩罚性赔偿对加害人和社会上的一般公民都会产生预防的作用，遏制功能是对惩罚性赔偿合理性的传统解释。”波斯纳认为，“侵权法的经济职能不是赔偿而是威慑不必要事故的发生”。就侵权行为而论，其主要目的不仅是让当事人所受的损害得到赔偿，而且还有遏制不法行为，起到震慑的效果。以往这个效果常被大家忽视，随着惩罚性赔偿的广泛采用，这种和刑法功能相似的损害赔偿越来越得到重视。因此损害赔偿法的目的在于“损害填补、损害预防、惩罚制裁”，由此可知除了损害填补功能之外，惩罚功能也是一个重要内容。

美国学者波斯纳利用法律的经济分析手段指出：刑罚是社会对罪行的要价。通过加重刑罚或增加判刑的这种“加价行为”会提高犯罪的成本，从而减少犯罪，震慑犯罪分子。所以我们说“为了对犯罪进行有效的威慑，必须使犯罪活动的成本即社会对罪行的要价大于这种活动对他们来说的价值”。

反观我国对损害赔偿的定性多停留在补偿上面，尤其是在民事责任中，赔偿目的就在于弥补损失，这里的损失主要是直接和间接损失，并且严格限制损害赔偿的范围，甚至最高人民法院的司法解释中对于精神损害赔偿也严格限制适用范围。这不利于全面保护被害人的权益。

（二）侵权行为法草案和侵权责任法的相关规定

我国的侵权行为法草案中对于惩罚性赔偿也有相应规定。梁慧星教授主持制定的《中国民法典·侵权行为法编建议稿》第91条规定："故意侵害他人生命、身体、人身自由、健康或具有感情意义财产的，法院应当在赔偿损害之外判决加害人支付不超过赔偿金3倍的惩罚性赔偿金。"王利明教授主持制定的《中国民法典·侵权行为法编草案建议稿》第96条规定："因生产者、销售者故意或者重大过失使产品存在缺陷，造成他人人身、财产损害的，受害人可以请求生产者、销售者给予双倍价金的赔偿。"从这些民法典建议稿中可以看出，惩罚性赔偿已经得到大部分学者的赞同。我国2009年12月26日通过的《侵权责任法》也规定了产品责任的惩罚性赔偿，该法第47条规定："明知产品存在缺陷仍然生产、销售，造成他人死亡或者健康严重损害的，被侵权人有权请求相应的惩罚性赔偿。"

二、在刑事立法中增设罚金刑

民事责任和刑事责任的交叉主要表现为两种情况：一种是刑事案件中出现了民事责任承担的问题；另一种是民事案件中

的严重违法行为触犯刑律可以追究刑事责任的情形。在司法实践中对于刑民交叉案件应当注重民事责任和刑事责任的相互结合，更好地保护双方当事人的利益。在追究被告人刑事责任时，应该充分考虑其民事责任的承担状况。此外要提高被害人的诉讼地位，全面保护被害人的合法权益，还要充分发挥民事、刑事责任的功能，构建刑事和解制度。只有贯彻好宽严相济的刑事司法政策，才能适应我国未来司法改革的发展趋势。

（一）提高被害人的地位

刑法具有保障人权的功能，但刑法中的人权只包括被告人的人权，而被害人的人权被认为是国家刑罚权存在的根据之一，属于主权的范畴，而人权是与主权相对应的，不能把刑法中的人权等同于被害人权利。[1] 由于主权原则在刑事案件判决中居于核心地位，公诉人代表国家主权行使诉权，此时被害人的人权反而被忽视，被害人遭受人身损害的赔偿只能在附带民事诉讼中解决，被害人不仅没有得到应有的诉讼地位，而且以罪犯为本位的刑事诉讼容易使被害人受到的精神和物质损害难以得到补偿，被害人受到损害后的生活没有保障，这些对于被害人的人权都是不应有的忽视。

（二）司法改革中应注重被害人经济损失的全面赔偿

在刑事责任的承担过程中，传统民法领域的民事责任一直处于附属地位，从我国“刑事附带民事诉讼”这一术语中就可

1. 陈兴良：《本体刑法学》，商务印书馆 2001 年版，第 40 页。

见一斑。法官判处犯罪人承担刑事责任时，没有义务考虑民事赔偿的具体数额以及实际履行情况。当然我们也承认在实际的刑事审判中法官也将民事赔偿作为酌定量刑情节之一，但对此刑法并没有细致全面的规定。“当被告被提交国家时，国家只关心永恒正义的崇高利益，而不考虑犯罪被害者，把索取赔偿看成了他们的一般私人利益，留待另外的司法活动来解决。再后，国家为了永恒的正义，逼着罪犯向国库交付罚金的形式对国家防卫制度进行赔偿，而这一防卫制度却连侵犯私人财产这样一些犯罪都不能防止。”现代刑事司法发展的趋势正在从保护抽象的社会法益转向更具体的个案被害人权益的保护，从满足被害人对犯罪人的报复情感到实质的利益补偿倾斜。被害人地位的提升，真正关注被害人的利益保护，恢复被害人因犯罪所遭受的损失，在刑事诉讼中凸显民事赔偿的重要性，这些都是未来刑事责任民事责任相互借鉴、相互补充的发展趋势。即使我们认为刑事犯罪所侵害的主要是社会利益，但是社会利益也是由个体利益让渡而来，脱离个体利益来保护社会利益无疑使社会利益失去了存在的根本。

有些学者认为在刑事诉讼中注重对于被害人的民事赔偿，可能会出现“花钱买刑”的不良倾向，引发社会不公。但表示支持的学者认为，对被害者来说，犯罪人花去的钱，正是他给被害者造成的损失。被害者被损坏的财产是劳动得来的，犯罪人用于赔偿的财产也是劳动得来的，实际上是犯罪人用自己的劳动补偿了被害者的劳动，这是公平的。

笔者认为，对于被害人来说，犯罪人给予应有的赔偿是被害人当然的权利，犯罪人对被害人的民事赔偿合情、合理、合法。“随着人类文明的发展，人道性越来越成为现代刑法追求的价值目标”，轻刑化已经成为各国刑事司法的必然选择。“惩办与宽大相结合是我们党和国家的基本刑事政策，该严则严，该宽则宽。宽中有严，严中有宽，宽严相济则是这一基本刑事政策的重要内容，我国刑法充分反映和体现了这一基本刑事政策。”因刑事司法的人道性、轻刑化要求我们在司法实践中，必须平衡好犯罪人与国家、犯罪人与被害人之间的利益关系，不能单方面地强调被告人的权利保障和从宽处理。国家应当通过立法和司法活动，不断提升被害人的法律地位。重视和保护被害人的利益，全面赔偿被害人的经济损失，不仅是对被害人的一种人文关怀，更是解决社会矛盾、实现公平正义、化解纷争、预防犯罪所不可忽视的重要环节。

（三）刑法中增设罚金刑

在我国刑法目前的刑罚体制下，通常将罚金刑适用于财产犯罪中，用以惩治其“贪利性”。但是当今世界各国对于过失犯罪规定罚金刑，已经成为一种通行的做法；并且罚金刑作为刑罚手段，在现代刑罚中的作用也越来越受到重视，其适用的范围也有扩大的趋势。在西方国家，罚金刑甚至是使用率最高的刑罚方法。罚金刑被认为是惩罚和预防过失犯罪的重要手段，日本刑法规定业务过失犯罪并处或单处 50 万元以下罚金，德国法中有关过失犯罪的条款均规定并处或单处罚金刑。罚金刑于相对较轻的医疗过失犯罪能够使医务人员免受牢狱之苦，避免短期自由刑在刑所的交叉感染之弊端，也符合罪刑相当原则及现代刑法所倡导的刑法经济原则。另外，罚金刑对以法人为主体的医疗过失犯罪也具有很好的适用空间。

另外，在我国目前的医疗实践中，还有一些因为医务人员贪图财物导致的医疗事故，在这种情况下，行为人的医疗过失行为也带有“贪利性”的色彩。但是，在我国成立医疗事故罪，通常都是由医疗机构承担对被害病患的赔偿责任，而医疗行为人只承担行政责任或者刑事责任，并不与其经济利益挂钩，此时刑罚的目的将无法得以完全实现。而如果在我国医疗过失刑责中增加罚金刑的处罚方式，在认定医疗过失行为的刑事责任时，单独或者附加适用罚金刑，能够更加有效地防止医疗过失犯罪的发生，促进医务人员更加谨慎地履行其医疗职务。

三、犯罪主体的衔接规定

关于医疗过失犯罪之主体，一般而言，刑事责任的主体，根据责任自负原则，应当是具体违反行为的行为人，对医疗过失而言，应当是医疗行为的行为人，在临床上护理行为系医疗行为之延伸，尽管护理行为有其独立性，但执行医嘱仍是护理行为的主要内容，因此诊疗护理行为的主体，具备成为医疗过失犯罪的主体资格。此外，前文已述，两大法系惩罚在安全管理和风险防范存在过错的医疗机构已成趋势，因此，该罪应增加法人犯罪相关条款。

四、刑事医疗过失的立法内容

可以保留刑事医疗过失专设罪名立法模式，但应重构罪名，将医疗事故罪改为“重大医疗过失罪”，其罪状表述为：“医务人员严重违反注意义务或偏离水准，导致就诊人死亡或者重伤的。”因“医疗事故”为非法律用语，含义不明确，不能体现其特征，而重大医疗过失罪能直接揭示其犯罪本质，并冠之以“重大”以与一般医疗过失相区别，说明其过失性质与程度。此外，根据大陆法系德日相关立法与理论研究之通例，以重大医疗过失罪作为罪名比较合适。原罪状中“严重不负责任”之表述，因其缺乏明确性，在理论研究和司法实践中均已造成理解上的偏差，修改为“严重违反注意义务或偏离医疗水准”，既能与过失犯的基本构造相统一，又可实现法律用语与逻辑上的一致。此外，作为医疗事故罪的危害结果之一：“严重损害就诊人身体健康”缺乏法律上的形式标准和实质内涵，考虑到该罪与过失致人死伤罪竞合，从司法统一的角度，可以人体“重伤”标准相衔接，直接将“严重损害就诊人身体健康”修改为“重伤”。如考虑到正当医疗行为本身的侵袭性特征，从立法上精确衡量严重的非致死的结果，也可在明确形式特征和实质内涵的前提下保留原条款。

此外，现行刑法将医疗事故罪规定在危害公共卫生罪中，该类犯罪主要是强调刑法对公共卫生的保护职能，规定于此，容易产生法官对个人生命健康权的忽视。即便专设该罪，也应当将医疗过失犯罪规定于刑法典“侵害公民的人身权利、民主权利”一章中，因医疗过失犯罪所保护的法益，主要是患者生命健康之权利，与危害公共卫生罪有明显差异。此外，因我国刑法典未设业务过失犯罪，有关侵犯公民人身权利、民主权利一章，目前存在着泛罪化倾向，在此设定业务过失犯罪或医疗过失犯罪能弥补立法技术的缺陷。

第七章　完善两法衔接的路径

第一节　两法衔接的原则适用

刑法的基本原则对刑事立法与刑事司法均具有重大指导意义，而两法衔接问题不仅涉及立法层面，更是与司法实践紧密相关，完善两法衔接，离不开原则的确立与适用。

一、刑法谦抑性原则的正确运用

刑法谦抑一词源自日本，系日本刑法学者富本英修提出，经日本刑法学家平野龙一发展，归纳出刑法的谦抑性，涵盖了刑法的补充性、刑法的不完整性、刑法的宽容性。我国学者从不同角度对刑法谦抑性原则进行了界定。在两法衔接过程中，刑法谦抑性原则主要体现为民事权与刑事权的关系及界限划定。[1]

从两法衔接实践运作角度而言，为打击和制裁执法过程中发现的涉嫌犯罪行为，动用刑罚处罚直接关系犯罪圈的划定问

1. 甘雨沛、何鹏:《外国刑法学》(上册)，北京大学出版社 1984 年版，第 175 页。

题，一旦犯罪圈过于扩大，将导致刑罚扩张的危险，从而违背刑法谦抑性原则。由于行政犯罪具有易变性特征，随着经济、社会的发展，对某些行政犯罪应根据实践需要加以调整，即在犯罪化的同时，也应适时非犯罪化。当前，刑法谦抑性原则被广泛适用，非犯罪化、非刑罚化或轻刑化已成为国际性潮流。但我国自 1997 年刑法实施后，先后通过了 1 个单行刑法和 8 个刑法修正案。我国刑法理论主张尽可能缩小犯罪圈，但从来没有一次能够阻止立法者对“犯罪圈”的日益扩大，从 1997 年刑法全面修改后的 10 多年内，我国增加 30 多个罪名却没有删除过一个罪名。可见，我国的刑事立法主要体现单向度“犯罪化”的现状。在当前美国的刑法改革中，非犯罪化是一项重要内容，也成为刑法谦抑性原则在立法上的体现。该国非犯罪化针对的犯罪主要有两类：一是无被害人犯罪，如流浪、乞讨、卖淫、赌博等；另一类是侵害公共福利犯罪，如违反药物管理法规、食品法规、环境保护法规等。但这类罪名正是我国刑法修正案犯罪化或重刑化的主要领域。如《刑法修正案（六）》增加的“组织残疾人、儿童乞讨罪”“开设赌场罪”；《刑法修正案（七）》增加的“组织未成年人进行违反治安管理活动罪”；等等。

一个国家文明程度往往与刑罚轻重有着一定的内在联系，可以说，刑法谦抑性原则成为现代法治文明的内在要求。因此，在执法与刑事司法及其衔接过程中，应特别强调刑法谦抑性原则，合理界定司法的调整范围，使司法权和行政权形成良性衔接，防止一出现严重违法行为即纳入刑法规制，从而导致民事违法前置性规范过滤功能的废弃。[1]

对待刑法，既要发挥其控制犯罪的价值，更要谨慎适用，防止刑法的扩张与侵害。即把刑罚作为迫不得已的最后手段使用，只有在其他法律手段无法有效调控和规制的前提下，才考虑刑法介入。“建立和谐社会，必须最大程度地坚持刑罚谦抑性原则，这也是现代刑事政策所追求的价值目标。”故在两法衔接过程中，应重视并正确运用刑法谦抑性原则，防止司法权的过度介入，从而走向与司法机关以罚代刑执法弊端的另一个极端。

二、一事不再理原则的理解和适用

一事不再理源自古罗马法。在罗马共和国时期，法院实行一审终审制，因而实行一事不再理原则。一事不再理主要是指对于已发生法律效力的案件，除法律另有规定的以外，不得再行起诉和处理。这个原则普遍适用于民事案件的审判，同时也适用于刑事案件。与一事不再理原则相关的表述还有：“任何人不因同一犯罪再度受罚”“对同一犯罪不得再度裁判”“防止重复定罪和惩罚的危险”等。[2]

由此可见，在刑事司法领域，一事不再理原则意指对被告人的某一犯罪事实判处刑罚后，不得以该犯罪事实为根据再度

1. 陈兴良：《刑法哲学》(第3版)，中国政法大学出版社2004年版，第6页。
2. 周枏等：《罗马法》，群众出版社1983年版，第334页。

对被告人判处刑事处罚。这里针对的是一个完全相同的犯罪事实，即同一犯罪。如德国《违反秩序法》第19条规定不得并罚；我国台湾地区学者也大部分倾向于不得并罚。问题是，针对同一违法事实，同时对违法者适用刑事处罚和民事处罚，是否有违一事不再理原则？

笔者认为，这种不同性质的双重处罚并没有违反一事不再理原则。由于不同性质的制裁手段具有不同的功能和目的，刑事处罚与民事处罚在功能与目的上应该是互补关系，而非包容关系。即使在国外，对同一犯罪行为，给予不同性质的处罚也较为普遍。例如，美国宪法规定了禁止双重危险的原则，但对同一犯罪适用不同性质处罚的判例并不少见。例如，1943年的赫斯（Hess）案中，当事人被判处罚金刑后，因同一事实又被判处承担民事责任。从这个案件可看出，对同一犯罪不能重复追究刑事责任，但对同一犯罪可以既追究刑事责任，同时又追究其他法律责任。另外，正如前文所分析的医疗损害犯罪，理应根据不同的法律承担相应的法律责任。可见，对于同时给予行为人以刑事处罚和民事处罚，是两种性质不同的处罚，它们完全独立存在，并不发生两者择一的问题，更不存在违反一事不再理原则的情况。

因此，在两法衔接适用中，对于涉嫌犯罪的案件，无论是先受到刑事处罚，后被民事处罚；还是先被处以民事处罚，后被判处刑罚不违反一事不再理的原则。但基于司法机关在不同阶段和根据不同标准作出判断，分别对同一违法行为处以民事处罚或刑事处罚，根据“罪刑相应”“错罚相当”原则，同质的处罚可以折抵或吸收，不同质的处罚可以合并适用。例如，法院对某一犯罪行为人判处有期徒刑、拘役等自由刑，司法机关还可对行为人适用罚金刑，但值得注意的是，适用双重处罚一般需要有明确的法律依据，且在双重处罚中刑事责任是主要的。

三、刑事优先原则的灵活把握

何谓刑事优先？理论上长期存在不同的观点。例如，所谓刑事优先原则是指在某一案件既是民事违法案件又可能是刑事犯罪案件，即产生法律责任竞合时，原则上应先由司法机关按刑事诉讼程序解决行为人的刑事责任，再由法院进行民事审判或行政机关依行政处罚程序解决行为人的民事责任。也有观点认为刑事优先原则，即“先刑后民”原则，是指在同一案件中，当刑事法律关系和民事法律关系可能发生竞合、刑事诉讼程序与民事诉讼程序可能发生交叉、冲突时，刑事诉讼在适用的位阶和位序上均应优先于民事诉讼。综合考察这些观点，笔者认为，刑事优先原则的核心内容在于，相对于民事诉讼，刑事诉讼具有优先权。这一优先权的内容可以体现为两个方面：位阶上的刑事优先和位序上的刑事优先。前者主要是指在效力上，刑事判决优先，后者是指在程序上，刑事程序优先。由于刑事司法的证明标准高于民事证明标准，刑事处罚严厉性大于民事处罚，再考虑到当前以罚代刑、有案不移等严重状况，笔者认为，在两法衔接实践中，坚持刑事优先原则，有利于促进民事执法与刑事司法的良性衔接，能更有效地遏制违法犯罪。但是在坚持这一原则的同时又要把握一定的灵活性。在执法过程中发现违法行为可能涉嫌犯罪的，应当及时移送司法机关。

第二节　两法衔接的医疗过失行为认定

正如前文所述，在两法衔接实践中，行为认定主要体现为对违法行为与犯罪行为的民事认定与刑事认定。前文分析了当前两法衔接行为认定上存在的问题与不足。本节主要探索性地提出当前两法衔接行为认定的标准。

一、医疗过失刑民两法衔接的行为认定——“注意义务”的程度

注意义务的违反是过失行为刑事和民事的核心，刑事医疗过失与民事医疗过失侵权行为，都是医务人员违反客观注意义务的实行行为，而区别在于注意义务的程度不一。英美法根据违反注意义务的程度，分为“普通过失”和“重大过失”。刑事医疗过失一般以“重大过失”为限，而侵权过失一般是“普通过失”。在司法认定中，应该有所区别。刑事医疗过失的认定应该更加严格，而民事过失应该从宽。我国台湾地区学者陈

忠五认为，这实际上是涉及注意义务的高低的拿捏，概念本身没有那么重要。后果是实际发生的侵害法益的危险，而危险则是由违背注意义务引起，行为人主观上不注意态度越严重，预见损害发生和回避结果发生越容易，引起的危险越大，过失的程度就越大，也越能接近入刑的标准。因此以行为人有无认识到实质性的危险以及实质性的危险是否属于刑法构成要件范围内的危险为切入点，将过失程度做轻重分级，可以将刑法上的过失与民法上的过失衔接起来。

因此，可以从行为人有无认识到实质性危险，将过失分为有认识的过失和无认识的过失以确定其程度轻重，有认识的医疗过失指行为人认识到自己的医疗行为可能产生具体的风险。英国刑法就根据行为人所意识到并产生的危险大小将过失分为两种不同程度的轻率，其中一种轻率接近重大过失。它要求产生的危险必须是明显且严重的危险。医疗过程中的危险按照大小程度包括本身就会产生的危险、一般性的尚可以控制的危险、具体的实质性的危险。危险系数增加时，行为人在认识上的懈怠就越严重，入刑的事由就越充分。无认识的过失包括因职责上的疏忽、能力上缺陷没有认识到可能产生的实质性危险。职责上的疏忽包括没有履行全部职责、仅履行部分职责、超越自己职责范围等工作上的疏忽。能力上缺陷所致的过失包括因医务人员专业技术、医疗设备、当前医学界认识局限等客观因素所致的主观上的过失，对于无认识的过失，一般宜从民法上予以追责。

二、医疗过失的刑事民事行为的衔接——以“严重的不负责任”为切入点

《刑法》第397条规定了玩忽职守罪，2006年最高人民检察院《关于渎职侵权犯罪案件立案标准》将玩忽职守罪的概念界定为“国家机关工作人员严重不负责任，不履行或者不认真履行职责，致使公共财产、国家和人民利益遭受重大损失的行为”。玩忽职守罪主观方面只能是过失，对此不应当有异议，所以“严重不负责任”显然是对行为人主观方面作出的要求。刑法分则过失犯罪中“严重不负责任”的表述除出现在玩忽职守罪等渎职类犯罪外，在其他类型过失犯罪中也有出现。例如，国家机关工作人员签订履行合同失职被骗罪、医疗事故罪等。在规定“严重不负责任”的过失犯罪中，行为人多为特殊身份主体，从事的行业也非常重要，但是这里的“严重”并不是单指行为人实施的行为性质之严重，更不是描述行为所导致的危害后果，而是指行为人主观上的过失程度达到了严重的要求。也就是说，“严重不负责任”是对过失犯罪主观过失程度的要求。另外，从“严重不负责任”的字面意思来看，其显然不同于一般的不负责任，否则直接用“不负责任”表述即可。之所以这样表述，一方面在于表明行为人没有尽到的注意义务达到了一定的程度，另一方面在于确定该类犯罪的入罪标准，尤其是在主观过失程度方面。从主观解释的角度看，立法者用“严重不负责任”进行表述的目的在于提高此类过失犯罪主观

上的入罪标准，缩小犯罪圈，如果在对这类过失犯罪进行定罪时不区分主观过失轻重，就不符合立法目的。例如，在医疗事故罪中，对不是由于“严重不负责任”的原因，而是由于其他原因造成医疗事故的不构成本罪。

综上，必须对“严重不负责任”作出不同于一般程度过失的解释，而仅仅通过现有犯罪过失理论中的“过于自信的过失”和“疏忽大意的过失”两种过失类型，显然不能很好地解决这一问题。所以，刑法分则过失犯罪的主观过失要件应区分轻重，刑法犯罪过失理论应当区分一般过失与重大过失。“严重不负责任”的规定应当是重大过失内涵的表现之一，重大过失理论有必要引入刑法当中。

第三节　因果关系认定的两法衔接

因果关系的判断是建立在事实因果回溯基础上的价值评判，其不可能避开价值评判部分而仅作为纯粹客体规律探索与事态还原。毋庸置疑，因果关系是行为人为其非法行为承担法律责任的客观基础。因果关系与部门法的宗旨与功能密切相关，因此不同部门法间的因果关系判断蕴含着不同的价值追求。

一、刑民因果关系的区别

具体而言，刑法的主要目的是惩罚犯罪与预防，而侵权法则主要表现为弥补损害与制裁。因此，刑法上因果关系必然强调原因对结果的实质作用，并非任何微弱的促进力量均足以成为刑法评价的对象。而在侵权法中，源于对被害人的弥补与赔偿，因果关系强调原因对结果的发生有促进即可，不必探讨原因对结果的影响程度。也就是说，在刑事司法审判中，判定某消极结果是否为刑事法律所规制的犯罪结果，首先从具体案例中所呈现的消极结果出发，并寻求与该消极结果具有引起关系的违法行为集合，进而探讨违法行为与消极危害结果之间是存在刑法上的因果关系还是民事上的因果关系。

二、把握刑民因果关系认定的本质

由于医疗行为本身具有相当的专业性，因此一般法官都会先以医学鉴定来确认医疗过失行为与损害结果之间是否存在因果关系，但医学鉴定确定的是事实上的因果关系，我们仍旧需要用法律上的因果关系理论来分析二者是否构成刑法上的因果关系。首先，刑法上的因果关系并非单纯的事实上的因果关系，而是法律上的因果关系，在确定原因时，只能以刑法明文规定的危害行为为界限，而不能随意扩大刑法评价的范围。譬如主刀医师因为选择的实习医师资历浅薄，没有及时准备手术用的刀具，从而延误了最佳动刀时机，导致患者瘫痪。这个案例中主刀医师的选择疏忽与实习医师的失职都是导致手术意外发生的原因，但只有当加害行为成为法律上的致害原因时，加害人才对损害后果承担刑事上的责任。医师对辅助人员的选择即便没有尽到谨慎审查的义务，但其行为本身并不必然就会发生医疗上的损害后果，实习医师作为辅助人员，在临床经验以及与审慎操作上必然存在不足，因此医师对助手的选择不当应仅从民法上予以谴责。其次，刑法上因果关系是引起与被引起的关系，但是这个引起与被引起必须进行严格的限定。因果关系界定上著名的客观归罪理论就规定引起结果的要素必须制造了法所不容许的风险，而且还要排除其他合理怀疑，即风险是建立在医疗过失行为与结果之间存在条件关系、相当因果关系基础之上的。该观点关注于行为是否制造了法所不容许的风险、该风险是否实现、是否属于构成要件的效力范围。[1] 以某一转诊案例为例：王某某因腹部疼痛，到某中西医结合医院就诊，临床诊断为卵巢囊肿蒂扭转。行剖腹探查术时发现腹腔“血性液渗出，小肠系膜肿物，见小肠呈暗紫色，并非卵巢囊肿蒂扭转”，于当日转入某中心医院治疗，但并没有写明腹腔出血的情况。某中心医院接诊后，轻信前一医疗机构的病情介绍，保守治疗，在王某某麻醉复苏后发生中毒性休克时未能引起注意，未对典型急腹症的患者做急诊手术探查，延误治疗近29个小时，造成小肠广泛坏死、切除，仅留20厘米左右。王某某目前为“短肠综合征”。引起结果的原因是中西医结合医院和中心医院两个主体的不当行为，但中心医院的医生基于其医生的职业素养没有担负起对患者的病症及时探查、及时诊断

1. 孙运梁：《致特殊体质被害人死亡案件中的刑事归责问题》，《法学》2012年第12期。

的责任，没有对病人为何转诊的详细情况进行了解并认真翻查中西医结合医院原先病历，是对自己接诊时注意义务的直接违反，是中心医院采取保守治疗的直接原因，因此这种违反显然已经产生了一种实质性的危险。而中西医结合医院尽管在详述病情以及递交相关的病情摘要时存在疏漏，但是就转诊的义务来看，对转诊中的主要义务中西医结合医院已经尽责；转诊经过了患者王某某及其家属的同意，也考虑和顾及了医院没有相应的医疗设备和救护条件，同时，对转医后医院资质的考虑也无不当。中西医结合医院尽管未能详述病情，但在尽到大部分转诊义务的情况下，中西医结合医院的行为只能说有引起中心医院错误判断病情的可能，但并没有直接制造法所不容许的风险，中西医结合医院的疏忽与中心医院的懈怠并不必然存在引起与被引起的关系，因此本案中，如果承担刑事责任，其主体应为中心医院的医生。

第四节　医疗损害事实的两法衔接

医疗侵权责任是事后法，不提前干预行为人的行为，必须发生损害事实才能将行为评价为侵权，而侵权责任法对损害事实的程度并无特别之要求，造成就诊人死亡或者重伤，甚至是轻微伤害都有可能属于民事责任承担之范围。因而厘清刑事医疗过失损害事实的边界，才是关键所在。刑事医疗过失系结果犯，对刑事医疗过失行为刑事责任的评价除了接受构成要件检验外，还需要造成《刑法》第335条所规定的“就诊人死亡或严重损害就诊人身体健康”的危害结果，未造成这一危害结果是排除医疗过失刑事责任的重要依据。当然，造成《刑法》第335条所规定之危害结果，也未必就应当承担刑事责任。但对“严重损害就诊人身体健康”未做出立法解释和司法解释。认定标准的不统一使司法实践中的一些难点问题大量涌现，对司法实施的统一性、确定性造成了不良影响。

目前，学术界对“严重损害就诊人身体健康”的理解有以下意见：刑法重伤标准说、医疗重伤标准说。笔者认为“严重损害就诊人身体健康”的判定标准应遵循以下规则：

一、以《人体损伤程度鉴定标准》规定的重伤为定罪基础

对“严重损害就诊人身体健康”范围的确定必须充分尊重我国的刑法传统。从我国刑法的一贯做法来看，过失伤害他人身体健康的只有造成重伤的人才构成犯罪。因此，虽然医疗事故罪不以结果是否构成重伤作为罪与非罪的界限，但是在医疗事故罪的认定中应适当保留这一传统做法，以维护法律的统一性。按现行《刑法》第336条非法行医罪的规定分析，非法行医罪中也存在着造成就诊人死亡和严重损害就诊人身体健康的情形，但非法行医罪造成严重损害就诊人身体健康的，不属于《医疗事故处理条例》的处理范围，也就是说不采用医学标准作等级鉴定。就过失造成不良后果而言，非法行医罪是以重伤

作为重罪与轻罪的界限。基于同一法典中，不同条文对同一语词的解释不应有原则区别的认识，医疗事故罪中的“严重损害就诊人身体健康”的损害程度应等同于或至少近似于（但不低于）重伤的标准。这样也使那些虽然构成医疗事故，但未达到司法部门鉴定标准中的重伤程度的情形排除在外，从而使刑法打击面的界定更加合理。同时，以刑法中人体重伤来判定医疗事故罪，也为司法机关提前介入医疗事故的处理提供了依据。

二、适当参照医学标准

若单纯采用司法部门的人体重伤或轻伤鉴定标准，而没有顾及现代医疗行为及医疗事故的特殊性，可能会不适当地扩大医疗事故的刑事惩罚面。因为医务工作是个高风险的职业，按照司法部门的鉴定标准，一些轻微的医疗事故，例如眼睑损伤就属于重伤，即认定为“严重损害就诊人身体健康”，就对医务人员进行定罪处罚，这显然过于严苛。因此“严重损害就诊人身体健康”的判定标准应适当参照医学标准。

虽然医疗事故罪是对人体造成损害的过失犯罪，但医疗事故罪并没有在法定后果中采用“重伤”这一法律用语，没有明文规定“严重损害就诊人身体健康”的标准是达到重伤，而是采用了与《医疗事故分级标准》所表述的“死亡、重度残疾、器官组织损伤导致严重功能障碍”意思相近似的“严重损害就诊人身体健康”这一概念。从医疗事故罪法定最高刑的处罚标准看，本罪立法时就已经将医疗事故中的过失行为严格区分于其他责任事故犯罪，如重大飞行事故罪、铁路运营安全事故罪、重大责任事故罪、消防责任事故罪等。同这些责任事故罪相比，医疗事故罪在犯罪形式上是一样的，但法定最高刑却只有3年，远比其他责任事故罪的法定最高刑7年、10年、15年要轻得多。因此，依照我国刑法罪刑相适应的原则，“严重损害就诊人身体健康”的判定标准不能单以《人体损伤程度鉴定标准》为定罪依据，还应该适当地参照《医疗事故处理条例》和《医疗事故分级标准》。

三、“严重损害就诊人身体健康”应指一级乙等和二级医疗事故

众所周知，医疗事业具有其自身的特殊性，其对象复杂，病情各异，制约因素众多，探索性较强，风险性较大。若法律定罪过严必将导致医务人员的恐惧心理，致使一些造成了医疗事故但情节轻微、后果不严重的责任人受到刑事制裁，从而扩大打击面。这样可能导致在诊疗护理工作中，医务人员出于对自己的保护而贻误抢救时机或延长治疗进程的后果。

医学科学作为一门独立的科学，其发展日新月异，但它还未成为一门精密科学，仍处于经验科学的阶段。医疗机构及其医务人员会经常面临新的挑战，需要在实践中反复探索。因此，我们应以一种理性的眼光去看待医学。虽然缩小打击面可能会使某些严重不负责任造成严重责任事故的犯罪人逃脱刑事制裁，或受到的处罚达不到应有的惩罚和警示效果，但从长远

和全局上看，缩小医疗事故罪的刑事打击面却为医学科学事业的发展提供了足够的空间。另外，我们还应考虑到医疗行为及医疗事故的特性。医疗行为的对象是活的个体，其行为本身往往带有一定的创伤性，而且各个病人及各种病症的特点各有不同，并且每时每刻都在发生变化，因此，医务人员在医疗活动中会随时面临各种难以预测的风险。即使发生了医疗事故，但由于毕竟是在救死扶伤的人道主义活动中发生的，因此应同其他造成人身伤害的刑事及治安案件有所不同。所以，对医疗事故罪的打击面不应过大，其标准应当宽严适中。因此，在“严重损害就诊人身体健康”的界定上，应当以司法机关制定的人体伤害鉴定标准为基础，兼顾卫生部门制定的医疗事故分级标准，使二者协调一致。

综上所述，应将“严重损害就诊人身体健康”的内涵限定在一级乙等医疗事故和二级医疗事故的范围内。因为一级甲等医疗事故规定为死亡，根据刑法的规定，医务人员严重不负责任造成就诊人死亡的毫无疑问属于医疗事故罪。二级的甲、乙、丙、丁四等医疗事故在医学标准上已经高出刑法规定的重伤标准，按照不低于重伤标准的原则来说，二级医疗事故也应属于“严重损害”的范畴。此外，卫生部的《医疗事故分级标准（试行）》在以《医疗事故处理办法》为依据对医疗事故分级时，出于严格医疗质量管理、确保医疗安全、保护患者利益和尊重既往处理的惯例考虑，将本不属于《医疗事故处理办法》中规定的医疗事故后果的一些情况也归类于医疗事故中，对造成这一部分后果的医疗责任事故，不宜再按医疗事故罪处理。鉴于这部分内容多被归类于三级之后的医疗事故，因此，“严重损害就诊人身体健康”应理解为一级乙等、二级医疗事故。

第五节　两法衔接鉴定的认定

医疗损害鉴定是法官在裁定医疗损害案件民事案件的赔偿、刑事案件的量刑上非常重要的依据，大部分法官对鉴定意见有很强的依赖性，但刑事案件对鉴定的要求是要高于民事案件的，但我国目前对医疗损害刑事、民事案件都采用同样的模式，这不仅不利于刑事、民事案件的区别与衔接，也不利于医疗过失的解决。

一、我国医疗损害鉴定的现状及不足

目前，我国司法实践中，医疗纠纷之鉴定存在两种形式：一是依据中华人民共和国国务院令第351号于2002年9月1日起施行的《医疗事故处理条例》(以下简称《条例》)由各级医学会组织进行的医疗事故鉴定；二是依据2005年2月28日全国人民代表大会常务委员会《关于司法鉴定管理问题的决定》(以下简称《决定》)由司法鉴定机构进行的司法鉴定，主要是进行医疗行为和损害结果之间的因果关系鉴定，被称为

“医疗过错司法鉴定”。此为我国医疗纠纷鉴定的“二元制”模式。刑事医疗过失的鉴定从属医疗事故鉴定和司法鉴定。不可否认，鉴定意见对当事人刑事责任之重要影响，因此，与民事医疗纠纷鉴定相比，刑事医疗过失对鉴定意见之要求应该更加严格，各方对鉴定意见的客观性、科学性和权威性要求更高。在“二元制”模式下，刑事医疗过失鉴定不可避免地出现“多头鉴定”和“重复鉴定”。司法鉴定意见和医疗事故鉴定意见之间在刑事诉讼中的“采信率”孰高孰低？何种鉴定模式更符合我国实际？司法机关如何取舍？实际上从2005年《决定》颁布以后理论界及实务界对这些问题的争论就从未间断过。

二、国外医疗损害鉴定的经验

英美法系鉴定人证人属性十分明显，专家证人在法庭之地位与一般证人基本相同，在当事人主义的诉讼模式下，其要旨是控辩平衡。美国多数州设有主要由医学专家、法律专家组成的“医疗法律评审小组”“调解评审小组”之类的评审仲裁机构，多数州在诉讼前必须经过评审或仲裁，评审内容包括是否构成医疗事故或同时进行仲裁，仲裁结论多数无强制性。英国设有“医疗管委会”区分医师的责任为“刑事责任”“民事责任”和“行政责任”三种。大陆法系鉴定人通常被视为法院的辅助人和法官之助手。德国在有关行政区域设医事鉴定委员会，负责刑事和民事医疗事故的鉴定。日本医师会下设“医疗事故调查会”和“医疗过误鉴定委员会”处理医疗事故鉴定。

三、医疗损害鉴定的两法衔接

我国现阶段存在医疗事故鉴定和司法鉴定“二元制”模式，而刑事医疗过失鉴定证明之要求比一般医疗过失高得多，对于医疗过失的鉴定，笔者认为应以医师作为医学鉴定的主体，正如德国法官Koch曾毫不避讳地说“实际上，诉讼程序裁判的重心，几乎是从法官移到医生，这是必须接受的事实”。目前，我国医疗过失的鉴定应坚持在各级医学会下设医疗事故鉴定委员会，分为地市级、省级和中华医学会三级，形成统一的医疗事故鉴定制度，一般排除司法鉴定。同时，鉴于刑事医疗过失之证明要求比一般医疗过失要高得多，故有必要参照大陆法系国家及我国台湾地区有关规定，可在省级医学会下设刑事医疗委员会，以解决刑事医疗纠纷案件为主，由各科医疗专家、法律专家、法医学专家和社会人士按照一定的比例组成，并明确刑事医疗过失鉴定的程序和制度。可采取两级鉴定体系，也即对省医学会鉴定意见有异议，可以同级申请外省相对应机构鉴定，仍有争议的可以向中华医学会申请下设刑事医疗委员会鉴定。

第六节　两法衔接的立法完善

在两法衔接实践中，依然存在有案不移、案件移送司法机关后处理率低等一系列问题。这些问题的出现，与两法衔接的立法不完善直接相关。

医疗损害责任包括医疗技术损害责任、医疗伦理损害责任和医疗产品损害责任三种不同类型的医疗损害责任。《刑法》第335条规定：医务人员由于严重不负责任，造成就诊人死亡或者严重损害就诊人身体健康的，处三年以下有期徒刑或者拘役。根据此条规定，医疗事故罪是指医务人员严重不负责任，过失造成就诊人死亡或者严重损害就诊人身体健康的行为。

《侵权责任法》和《刑法》中对医疗过错的判定标准没有衔接，特别是《刑法》规定的“严重不负责任”“严重损害就诊人身体健康”，标准不明确，这也使很多的医疗损害案件在不同的法院有些按民事案件处理、有些按刑事案件处理。因此，在立法内容上如何进行衔接？笔者认为可以刑法的角度进行适当的改革：

一、犯罪主体的改革

直观地看，医疗风险的控制权似乎是掌握在具体单个的医护人员手中，但是稍往深处思考，就能得出医疗风险控制权首先是掌握在医疗机构手中，医疗事故的发生与医疗机构的人事管理制度、医疗质量规范及机构运转模式等内部管理机制关系密切。发生医疗事故，单纯处罚医护人员个人，是对医疗事故罪犯罪原因的漠视，这既不能达到刑罚的惩罚目的，也难以真正实现预防目的。基于此，日本通过监督过失理论解决机构的刑事责任问题，英美法系国家在判例中也有就医疗过失惩罚医疗机构的趋势，如美国威斯康星州在20世纪90年代即有追究医疗机构法人刑事责任的案例。在我国，对单位可以作为犯罪主体这一命题已达成共识并以刑事立法的形式确定下来，对业务犯罪中具有监督过失的法人予以处罚的依据是充分的。我国刑法应确定法人可构成业务过失犯罪，在具体的处罚上，实行双罚制，对单位直接负责的主管人员和其他直接责任人员判处刑罚，对单位判处罚金。

二、立法内容的改革

《刑法》第335条规定："医务人员由于严重不负责任，造成就诊人死亡或者严重损害就诊人身体健康的，处三年以下有期徒刑或者拘役。"根据此条规定，医疗事故罪是指医务人员严重不负责任，过失造成就诊人死亡或者严重损害就诊人身体健康的行为。然何谓"严重不负责任"，这一要件究竟是主观判断还是客观判断？这一用语由于缺乏明确的内涵，与刑法明确性原则相悖。纵观大陆法系各国（地区）刑事医疗过失立法的现状，一般均以"业务过失致死伤罪"或"过失致死伤罪"规制医疗过失行为，来处理属于刑法典中的"轻罪"，在分则中以"轻率"一词作为构成要件，德国学说上认为，轻率指一种显现特别高程度的注意义务违反的重大过失。英美两国有关刑事医疗过失的案例从19世纪开始，就从未间断，医疗过失的判定标准，也从限定为"主观轻率"发展到"疏忽大意"，逐渐有刑事过失判断标准客观化的趋势，对极端恶劣的轻率重罪化。“严重损害就诊人身体健康”缺乏法律上的形式标准和实质内涵，考虑到该罪与过失致人死伤罪竞合，从司法统一的角度，可以人体“重伤”标准相衔接，直接将“严重损害就诊人身体健康”修改为“重伤”。如考虑到正当医疗行为本身的侵袭性特征，从立法上精确衡量严重的非致死结果，也可在明确形式特征和实质内涵的前提下，保留原条款。

三、罚刑的改革

在我国刑法目前的刑罚体制下，通常将罚金刑适用于财产犯罪中，用以惩治其“贪利性”。但是当今世界各国对于过失犯罪规定罚金刑，已经成为一种通行的做法；并且罚金刑作为刑罚手段，在现代刑罚中的作用也越来越受到重视，其适用的范围也有扩大的趋势。在西方国家，罚金刑甚至是使用率最高的刑罚方法。罚金刑被认为是惩罚和预防过失犯罪的重要手段，日本刑法规定业务过失犯罪并处或单处50万日元以下罚金，德国刑法中有关过失犯罪的条款均规定并处或单处罚金刑，罚金刑于相对较轻的医疗过失犯罪能够使医务人员免受牢狱之苦，避免短期自由刑在刑所的交叉感染之弊端，也符合罪刑相当原则及现代刑法所倡导的刑法经济原则。另外，罚金刑对以法人为主体的医疗过失犯罪也具有很好的适用空间。

参考文献

一、著作类

1. 于改之：《刑民分界论》，中国人民公安大学出版社2007年版。
2. 陈灿平：《刑民实体法关系初探》，法律出版社2009年版。
3. 臧冬斌：《医疗犯罪比较研究》，中国人民公安大学出版社2005年版。
4. 刘维新：《医疗刑事法初论》，中国人民公安大学出版社2009年版。
5. 杨丹：《医疗刑法研究》，中国人民大学出版社2010年版。
6. 黄丁全：《医事法》，中国政法大学出版社2003年版。
7. 张绍谦：《刑法因果关系研究》，中国检察出版社2004年版。
8. 马克昌：《比较刑法原理》，武汉大学出版社2002年版。
9. 刘宪权、杨兴培：《刑法学专论》，北京大学出版社2007年版。
10. 张明楷：《刑法学》（第3版），法律出版社2007年版。
11. 张明楷：《刑法的基本立场》，中国法制出版社2002年版。
12. 陈兴良：《刑法适用总论》（上、下卷），法律出版社1999年版。
13. 陈兴良：《刑法的启蒙》，法律出版社1998年版。
14. 孙万怀：《在制度和秩序的边际：刑事政策的一般理论》，北京大学出版社2008年版。
15. 周光权：《注意义务研究》，中国政法大学出版社1998年版。
16. 黎宏：《日本刑法精义》（第2版），法律出版社2008年版。
17. 卢有学：《医疗事故罪专题整理》，中国人民大学出版社2007年版。
18. 张赞宁：《医事法学研究及典型案例评析》，东南大学出版社2003年版。
19. 林冬茂：《刑法综览》，中国人民大学出版社2009年版。
20. 林山田：《刑法通论》（上、下册），北京大学出版社2012年版。
21. 蔡墩铭：《医事刑法要论》，台北景泰文化事业有限公司1995年版。
22. 蔡振修：《医疗过失犯罪专论》，作者发行，2005年版。
23. 曾淑瑜：《医疗过失与因果关系》，输芦图书出版有限公司1998年版。
24. 王岳：《医疗纠纷法律问题新解》，中国检察出版社2004年版。

25. 梁慧星主编:《民商法论丛》,法律出版社 2007 年版。
26. 冯卫国:《医疗事故罪的认定与处理》,人民法院出版社 2003 年版。
27. 杨立新:《医疗损害责任法》,法律出版社 2012 年版。
28. 郭明瑞、房绍坤主编:《民法》,高等教育出版社 2003 年版。
29. [德]汉斯·海因里希·耶赛克、托马斯·魏根特:《德国刑法教科书》,徐久生译,中国法制出版社 2001 年版。
30. [德]克劳斯·罗克辛:《德国刑法学总论》(第 1 卷),王世洲译,法律出版社 2005 年版。
31. [英]布伦丹·格瑞尼:《医疗法基础》,武汉大学出版社 2004 年版。
32. [美]道格拉斯 .N 胡萨克:《刑法哲学》,谢望原等译,中国人民公安大学出版社 2004 年版。
33. [意]切萨雷·贝卡利亚:《论犯罪与刑罚》,黄风译,北京大学出版社 2008 年版。
34.《日本刑法典》(第 2 版),张明楷译,法律出版社 2006 年版。
35.《法国新刑法典》,罗结珍译,中国法制出版社 2005 年版。
36.《德国刑法典》,徐久生、庄敬华译,中国法制出版社 2000 年版。
37. [日]野村稔:《刑法总论》,全理其、何力译,法律出版社 2001 年版。

二、杂志及学位论文类

1. 卢建平、田兴洪:《医疗犯罪理论研究述评》,《山东警察学院学报》2010 年第 1 期。
2. 谈在祥:《我国刑事医疗过失犯罪判决的实证研究》,《证据科学》2014 年第 3 期。
3. 谈在祥:《论我国刑事医疗过失鉴定的困境与展望》,《证据科学》2013 年第 2 期。
4. 刘鑫、梁俊超:《论医疗损害鉴定危机与改革》,《证据科学》2010 年第 4 期。
5. 刘鑫、梁俊超:《论我国医疗损害鉴定技术鉴定制度构建》,《证据科学》2011 年第 3 期。
6. 陈志华:《医学会从事医疗损害鉴定之合法性研究》,《证据科学》2011 年第 3 期。
7. 王竞:《论建立我国刑事司法鉴定层级制度》,《法治论丛》2003 年第 3 期。
8. 田侃:《医学会实施医疗损害鉴定必要性探析》,《辽宁中医药大学学报》2013 年第 4 期。
9. 董秀婕:《刑民交叉法律问题研究》,吉林大学 2007 年博士学位论文。
10. 李彦芳:《从惩罚性赔偿到侵权法功能的转变——对我国侵权立法的一点建议》,《河海大学学报》2009 年第 3 期。
11. 沈玉忠:《刑事责任与民事责任衔接与协调的实现——以损害赔偿为切入点》,《武汉科技大学学报》2008 年第 1 期。

12. 王骏:《违法性判断必须一元吗?——以刑民实体关系为视角》,《法学家》2013年第5期。
13. 吕群蓉:《论医疗损害责任与医疗事故罪的界限——以过失为分析基础》,《湖南财经大学学报》2014年第4期。
14. 曾淑瑜:《医疗行为与犯罪》,《法令月刊》1994年第9期。
15. 蔡墩铭:《医疗业务过失之事实认定》,《月旦法学》2001年第10期。
16. 臧冬斌:《医疗事故罪研究》,武汉大学2002年博士学位论文。
17. 王汉斌:《关于〈中华人民共和国刑法(修订草案)〉的说明》,《全国人民代表大会常务委员会公报》2007年第2期。
18. 江伟、范跃如:《刑民交叉案件处理机制研究》,《法商研究》2005年第4期。
19. 吴允锋:《非刑事法律规范中的刑事责任条款性质研究》,《华东政法大学学报》2009年第2期。
20. 卢建平、田兴洪:《医事犯罪理论研究述评》,《山东警察学院学报》2010年第1期。
21. 张遭许《非法行医案件中行政执法与刑事司法的衔接——兼评最高人民法院有关司法解释》,《行政法学研究》2010年第2期。
22. 刘宪权:《故意犯罪停止形态相关理论辨正》,《中国法学》2010年第1期。
23. 杨兴培:《公器乃当公论,神器更当持重——刑法修正方式的慎思与评价》,《法学》2011年第4期。
24. 张明楷:《法条竞合中特别关系的确定与处理》,《法学家》2011年第1期。
25. 万毅:《证据"转化"规则批判》,《法学》2011年第1期。
26. 赵国强:《大陆法系犯罪论三要素学说的定位思考》,《法学》2011年第4期。
27. 姚诗:《非法行医罪"情节严重"的解释立场与实质标准》,《政治与法律》2012年第4期。
28. 曾淑瑜:《医疗水准论之建立》,《法令月刊》1995年第9期。
29. 曾淑瑜:《信赖原则在医疗过失中之适用》,《月旦法学》1997年第9期。
30. 蔡墩铭:《医疗犯罪与因果关系》,《法令月刊》1994年第9期。
31. 蔡墩铭:《医疗行为与犯罪》,《法令月刊》1994年第9期。
32. 蔡墩铭:《院内感染与医疗管理过失》,《法令月刊》1996年第2期。
33. 蔡墩铭:《医疗业务过失之事实认定》,《月旦法学》2001年第3期。
34. 谢瑞智:《医疗行为与刑事责任》,《法令月刊》2000年第10期。
35. 王皇玉:《患者之自我决定权与刑法》,《月旦法学》1996年第9期。
36. 甘添贵:《缓和医疗行为之适法性》,《月旦法学》1998年第7期。
37. 孙红卫:《论医疗事故中"严重损害就诊人身体健康"的探讨》,《浙江工商大学学报》2004年第4期。
38. 李兰英、雷堂:《论严重不负责任》,《河北师范大学学报(哲学社会科学版)》2000年第4期。

39. 刘小宁:《论医疗事故罪“严重损害就诊人身体健康”的认定》,《医学与社会》2010年第2期。
40. 丁敏:《医疗过失犯罪防止研究——以1997年至今医疗事故罪的司法实践为切入点》,《铁道警察学院学报》2016年第2期。
41. 赵微:《民事侵权与刑事犯罪的理论对接》,《学习与探索》2003年第2期。
42. 许可:《论刑事责任与侵权责任的完全分离——“赔钱减刑的正当性阐释”》,《东方法学》2008年第3期。
43. 宋英辉等:《公诉案件刑事和解实证研究》,《中国法学》2009年第3期。
44. 王俊波:《刑事责任与侵权责任竞合浅析》,《天中学刊》2002年第1期。
45. 叶名怡:《医疗侵权责任中因果关系的认定》,《中外法学》2012年第2期。
46. 储槐植、汪永乐:《刑法因果关系研究》,《中国法学》2001年第4期。
47. 洪丽萍:《医疗事故的界定及相关问题探析》,《法学》2003年第2期。
48. 徐骄:《一级甲等医疗事故的民刑区分——以因果关系为视角》,吉林大学2014年硕士学位论文。
49. 李沙沙:《侵权责任与刑事责任竞合关系研究——以四种特殊侵权责任的竞合为重点》,江西财经大学2010年硕士学位论文。
50. 甘添贵:《医疗纠纷与法律适用——论专断医疗行为的刑事责任》,《月旦法学杂志》2008年第157期。
51. 莫洪宪、刘维新:《医事刑法研究论纲》,《现代法学》2011年第6期。
52. 顾诚:《医疗过失与刑法规制》,中国政法大学2011年硕士学位论文。
53. 谭兆强:《法定犯理论与实践》,华东政法大学2012年博士学位论文。
54. 张芳英:《医疗过失罪责研究》,华东政法大学2006年博士学位论文。

图书在版编目(CIP)数据

直击医患纠纷:以医疗损害刑民两法衔接为视角/
赖红梅著. —上海:上海人民出版社,2019
ISBN 978-7-208-15726-2

Ⅰ.①直… Ⅱ.①赖… Ⅲ.①医疗事故-刑事犯罪-
刑法-研究-中国②医疗事故-民事纠纷-研究-中国
Ⅳ.①D924.364②D922.164

中国版本图书馆 CIP 数据核字(2019)第 031145 号

责任编辑 夏红梅
封面设计 零创意文化

直击医患纠纷
——以医疗损害刑民两法衔接为视角
赖红梅 著

出　　版 上海人民出版社
(200001 上海福建中路 193 号)
发　　行 上海人民出版社发行中心
印　　刷 上海商务联西印刷有限公司
开　　本 890×1240 1/32
印　　张 6.5
插　　页 2
字　　数 125,000
版　　次 2019 年 1 月第 1 版
印　　次 2019 年 1 月第 1 次印刷
ISBN 978-7-208-15726-2/D·3381
定　　价 38.00 元